L'auto-entrepreneur mode d'emploi

D1661934

Claude-Annie Duplat

www.vuibert.fr

Collection Guid'Utile
L'auto-entrepreneur mode d'emploi
par Claude-Annie Duplat
© Vuibert – Août 2009
5, allée de la 2e DB – 75015 Paris
ISBN 978-2-7117-6432-7

Aussi soigneusement établi soit-il, ce guide peut ne pas inclure des modifi-cations de dernière minute et comporter quelques erreurs ou omissions. Faites-nous part de vos remarques et n'hésitez pas à nous proposer vos découvertes personnelles: les courriers de nos lecteurs sont lus avec grande attention.

Conformément à une jurisprudence constante, les erreurs ou omissions involontaires qui auraient pu subsister dans ce guide, malgré nos soins et nos contrôles, ne sauraient engager la responsabilité de l'Éditeur.

Maquette de couverture: Gilles Huot
Assistante d'édition: Sophie Bravard
Responsable éditoriale: Caroline Roucayrol

SOMMAIRE

Remerciements

L'auteur tient à remercier sincèrement Julien Bouzereau, Aline, Catherine et Frantz Boucraut pour leurs conseils et suggestions lors de la rédaction de cet ouvrage.

Avertissement

Le statut de l'auto-entrepreneur est récent – il s'applique depuis le 1er janvier 2009. Malgré le succès rencontré sur une période de six mois (près de 200 000 inscrits), ce régime est encore en phase d'expérimentation et d'aménagement. L'auteur tient à avertir ses lecteurs que sa documentation s'arrête à fin juillet 2009. Aussi est-il conseillé à chacun de vérifier sur le site officiel www.lautoentrepreneur.fr qu'aucune disposition nouvelle relative à ce régime de l'auto-entrepreneur n'a été annoncée depuis la sortie de cet ouvrage. Les éventuelles modifications qui pourraient intervenir ultérieurement seront reprises lors d'une prochaine édition.

INTRODUCTION

Qu'est-ce qu'un auto-entrepreneur ? Ce nouveau statut s'adresse aux personnes qui souhaitent travailler de manière indépendante en créant leur propre activité. En fonction de votre situation et de vos objectifs, devenir auto-entrepreneur peut vous permettre de :

- bénéficier d'un revenu complémentaire ;
- tester une idée d'activité (par exemple, créer des accessoires de mode) ;
- payer en partie vos études et développer une expérience professionnelle si vous êtes étudiant ;
- régulariser votre situation si vous utilisez de manière intensive eBay ou Priceminister pour revendre des biens en ligne ;
- créer votre propre emploi si vous êtes au chômage.

Le nouveau régime de l'auto-entrepreneur est attrayant à plus d'un titre :

1. Simplicité et rapidité de la création de l'auto-entreprise : une déclaration en ligne suffit. Vous recevez quelques jours plus tard les informations nécessaires au démarrage de votre activité, à savoir un numéro SIREN-SIRET et un code d'activité (code APE).
2. Gratuité des formalités : vous n'avez aucun frais de constitution à régler.
3. Calcul forfaitaire des cotisations sociales en fonction de votre chiffre d'affaires : si votre activité ne dégage aucun chiffre d'affaires, vous n'aurez à vous acquitter d'aucune charge.
4. Possibilité de régler l'impôt sur le revenu à la source de manière forfaitaire en fonction du chiffre d'affaires réalisé.

Le statut de l'auto-entrepreneur est cependant réservé à de petites structures puisque soumis à des plafonds de chiffre d'affaires annuels en 2009 (de 80 000 € pour les activités de négoce et 32 000 € pour les activités de prestations de services et les activités libérales).

De nombreux observateurs ont accueilli le régime de l'auto-entreprise comme une révolution. Il apporte en effet une bouffée d'air frais à ceux qui souhaitaient créer une activité mais étaient jusqu'à présent freinés par la lourdeur des formalités de création d'entreprise et l'obligation de payer des cotisations sociales avant même de générer du chiffre d'affaires.

Rappelons qu'un régime spécifique de l'entreprise individuelle existe depuis déjà dix ans : la micro-entreprise. C'est dans cette catégorie que s'inscrit le nouveau régime de l'auto-entrepreneur, entré en application le 1er janvier 2009, un pas de plus ayant été franchi dans la simplification de la création, du calcul et du règlement des cotisations sociales.

Bien entendu, il ne s'agit pas uniquement ici de souligner la simplicité des formalités de création d'une activité. Encore faut-il s'assurer que l'auto-entrepreneur trouve des débouchés et puisse en assumer le financement afin que son activité se développe au mieux. Si l'affaire est florissante (si les plafonds de chiffre d'affairessont dépassés), il s'agira alors pour l'auto-entrepreneur de songer à changer de statut et à devenir une entreprise plus « classique » (entreprise individuelle, EURL, SARL ou autre).

Avant de vous lancer, vérifiez que le régime de l'auto-entrepreneur présente un réel intérêt pour vous (la question se pose notamment si vous prévoyez des investissements importants). Il est recommandé de préparer au mieux le démarrage de votre affaire en étudiant le marché, en prévoyant vos charges et vos recettes, en examinant les différents coûts liés à votre entreprise (communication, publicité, etc.). Il est important de ne pas négliger l'étape de la définition de vos besoins financiers et de la recherche des financements nécessaires à la réussite et au développement de votre activité.

Pour réussir, il est vivement conseillé de vous faire accompagner par les différents réseaux ou experts qui peuvent vous aider face aux aléas et aux obstacles inhérents à la gestion d'une entreprise.

Que vous soyez salarié, demandeur d'emploi, retraité, étudiant, fonctionnaire, en un mot si vous désirez accroître vos revenus et vous épanouir en exerçant une activité que vous avez créée, à temps complet ou en complément d'une autre, ce statut s'adresse à vous. Ce guide a pour ambition de faire connaître le nouveau statut de l'auto-entrepreneur et de conduire les futurs auto-entrepreneurs à réussir leur projet.

L'AUTO-ENTREPRENEUR, UN NOUVEAU RÉGIME SIMPLIFIÉ D'ENTREPRISE INDIVIDUELLE

1

1. DÉFINITION

Le régime de l'auto-entrepreneur a été institué par la loi de modernisation de l'économie du 4 août 2008 (dite loi LME) et est entré en application le 1er janvier 2009.

Ce régime s'adresse aux entrepreneurs individuels qui souhaitent créer une activité de taille réduite avec des formalités de création et un fonctionnement considérablement simplifiés. Pour pouvoir y prétendre, il convient de réaliser un chiffre d'affaires annuel de moins de 80 000 € pour une activité commerciale, et de moins de 32 000 € pour des prestations de services ou des activités libérales.

Le régime de l'auto-entrepreneur s'adresse aux salariés, demandeurs d'emploi, fonctionnaires, étudiants, retraités, sans profession : ils peuvent choisir d'exercer leur activité professionnelle d'auto-entrepreneur aussi bien en complément de leur activité actuelle qu'à titre de profession principale.

2. À L'ORIGINE DU STATUT DE L'AUTO-ENTREPRENEUR : LE RAPPORT HUREL

Le régime de l'auto-entrepreneur reprend un certain nombre de recommandations contenues dans le rapport de François Hurel remis au gouvernement le 10 janvier 2008[1]. Ce rapport visait une meilleure reconnaissance du travail indépendant. Il avait été commandé par Hervé Novelli (secrétaire d'État en charge du commerce, de l'artisanat et des petites et moyennes entreprises, du tourisme et des services) et par le ministère de l'Économie, de l'Industrie et de l'Emploi. Le rapport met l'accent sur le nombre limité de travailleurs indépendants (artisans, professionnels libéraux, commerçants) en France relativement au nombre total d'entreprises, et aussi en comparaison avec plusieurs autres grands pays :

- sur 23,5 millions d'entreprises américaines, 76 % sont des auto-entrepreneurs ;
- sur 3,6 millions d'entreprises anglaises, 75 % sont des auto-entrepreneurs ;
- sur presque 3 millions d'entreprises espagnoles, 70 % sont des travailleurs indépendants ;
- sur 2,9 millions d'entreprises françaises, 50 % sont des entreprises individuelles « et une seule petite partie d'entre elles pourrait se classer dans la catégorie des auto-entrepreneurs ».

C'est pour remédier à cette situation, et aussi pour tenir compte de l'évolution des mentalités en France qui conduit de plus en plus de personnes à vouloir s'établir « à leur compte » tout en conservant leur statut (salarié, retraité, etc.) que le rapport a proposé des pistes de réflexion visant à simplifier la création et la cessation d'une activité.

3. LES ENJEUX DU NOUVEAU RÉGIME DE L'AUTO-ENTREPRENEUR

Plusieurs des propositions du rapport Hurel ont été reprises dans la loi de modernisation de l'économie (LME) du 4 août 2008.

---

1. Ce rapport est disponible sur le site du ministère de l'Économie, de l'Industrie et de l'Emploi.

Le législateur s'est fixé les objectifs suivants :
- favoriser la création mais également simplifier la cessation d'activité pour les travailleurs indépendants ;
- faciliter la gestion de l'activité nouvellement créée en particulier en instituant un système simplifié de règlement des cotisations sociales et fiscales (après encaissement des ventes) ;
- permettre à toutes les catégories de la population de créer une activité : salariés, étudiants, retraités, demandeurs d'emploi, fonctionnaires ;
- donner à chacun la possibilité de créer une activité en plus de son statut actuel (salarié ou retraité devenant auto-entrepreneur) ;
- contribuer à réduire le chômage : près de la moitié des entreprises créées en France le sont par des demandeurs d'emploi ;
- donner les moyens aux salariés, aux fonctionnaires, aux retraités, aux étudiants de bénéficier d'un revenu complémentaire ;
- régulariser le travail « au noir » et réintroduire les activités non déclarées dans le circuit économique.

4. LE SUCCÈS DU NOUVEAU STATUT

Le nombre d'auto-entrepreneurs inscrits

Dès janvier 2009, les créations d'entreprises individuelles sous le statut de l'auto-entrepreneur se sont multipliées.

Début février 2009, Hervé Novelli a annoncé lors du Salon des entrepreneurs qui s'est tenu au Palais des Congrès à Paris que le régime avait déjà séduit 43 000 auto-entrepreneurs.

Mi-février, on dénombrait 60 000 auto-entrepreneurs, début mars 2009, 75 000 et au 15 juillet 2009 près de 185 000.

Les prévisions initiales qui tablaient sur l'inscription de 200 000 auto-entrepreneurs en 2009 ont été revues à la hausse. Certains avancent désormais le chiffre de 300 000 auto-entrepreneurs à la fin de l'année 2009.

 **Avis du pro**

«Le régime de l'auto-entrepreneur correspond d'une part à une évolution notée depuis environ trois ans des attitudes par rapport aux différents statuts (salarié, entrepreneur, profession libérale), d'autre part à la recherche d'un cumul de plusieurs activités (salariés en poste cherchant à devenir chefs d'entreprise et à cumuler deux activités), enfin au désir de créer non pas une entreprise «classique» mais plutôt une activité».

Sandrine Wehrli, Directrice Création-Transmission-CFE à l'Assemblée des Chambres françaises de commerce et d'industrie (ACFCI).

Le phénomène de l'auto-entrepreneur

Le statut de l'auto-entrepreneur a donc immédiatement connu un succès sans précédent.

Témoin de l'intérêt suscité par le nouveau régime, lors des derniers salons sur l'entrepreneuriat (Salon des micro-entreprises à Paris en octobre 2008, Salon des entrepreneurs à Paris en février 2009), les conférences sur l'auto-entrepreneur ont été prises d'assaut et les stands informant sur ce nouveau statut assiégés (CCI, ministère de l'Économie, APCE, etc.).

On peut déjà parler d'une «communauté» des auto-entrepreneurs : sur la toile existent de nombreux forums qui constituent un lieu privilégié d'échanges et d'entraide pour les auto-entrepreneurs et les candidats à ce nouveau régime.

L'actualité autour de l'auto-entrepreneur ne faiblit pas. Chaque jour ou presque des articles fleurissent dans bon nombre de journaux ou sites Internet.

Plusieurs organisations officielles ou d'initiative privée ont vu le jour pour répondre à l'intérêt suscité par le nouveau statut et organiser une nouvelle catégorie d'entrepreneurs qui ne demande qu'à être reconnue et appréciée. Voici quelques initiatives à suivre.

1

• L'Union des auto-entrepreneurs (UAE)

L'Union des auto-entrepreneurs, présidée par François Hurel (à l'origine de la création du régime de l'auto-entrepreneur), a été constituée au cours du premier trimestre 2009. Elle poursuit les objectifs suivants :

- accompagner les nouveaux auto-entrepreneurs ;
- promouvoir le dispositif de l'auto-entrepreneur en particulier en proposant aux adhérents de signer une charte de l'auto-entrepreneur dans laquelle sont indiqués ses droits et ses devoirs (cf. ci-après) et en organisant des forums en régions et à Paris ;
- proposer des services aux auto-entrepreneurs pour favoriser leur développement (tels que des partenariats avec des banques (Banque postale), des compagnies d'assurance (Aviva) et des formations).

Ainsi, l'UAE a fait savoir fin mai 2009 que des dysfonctionnements existaient dans l'application du régime de l'auto-entrepreneur. En effet, certains auto-entrepreneurs exerçant une activité libérale ont reçu de la part de certains organismes gérant le nouveau régime de l'auto-entrepreneur des appels de cotisations sociales à verser pour des montants allant de 600 € à 3 000 €. Bien entendu, ces appels de fonds sont totalement injustifiés. Dans un communiqué de presse dénonçant ces erreurs, l'UAE a demandé aux entrepreneurs « de ne rien payer d'autre que ce qu'ils doivent en pourcentage du chiffre d'affaires encaissé ».

Pour en savoir plus sur l'UAE, rendez-vous sur leur site : **www.union-autoentrepreneurs.com**.

 **Zoom sur...**

... La charte de l'Union des auto-entrepreneurs

1. Être inscrit au régime des auto-entrepreneurs.
2. Conformer son activité à celle prévue lors de son inscription et respecter le taux de charge lié à l'activité.
3. Disposer des compétences courantes requises pour exercer son activité.
4. Être titulaire des qualifications nécessaires à l'exercice d'une activité réglementée ou soumise à une obligation de qualification.

5. S'acquitter régulièrement de ses cotisations sociales et fiscales et s'assurer que le montant des cotisations correspond au chiffre d'affaires réalisé.

6. Fournir à tous ses prospects et clients, son numéro d'immatriculation au régime des auto-entrepreneurs (numéro SIRET).

7. Être titulaire d'un contrat d'assurance valide en responsabilité professionnelle d'activité d'auto-entrepreneur.

8. Réunir tous les moyens susceptibles d'assurer un service ou une activité de qualité et accepter que son client fasse connaître spontanément ou dans le cadre d'enquêtes diligentées par l'UAE son opinion sur le service ou l'activité rendus.

9. S'interdire de démarcher les clients de son ou ses employeurs habituels, sauf en cas d'accord formel préalable.

10. Respecter les principes et les règles courantes qui s'imposent dans le cadre d'une relation commerciale.

Source UAE

• Les Chambres de commerce et d'industrie (CCI)

L'assemblée permanente des Chambres de commerce et d'industrie propose un site qui donne de nombreuses informations pratiques et mises à jour sur le régime de l'auto-entrepreneur : www.auto-entrepreneur.cci.fr.

• Le Secrétariat d'État chargé du commerce, de l'artisanat, des petites et moyennes entreprises, du tourisme et des services et de la consommation

Les services du Secrétariat d'État ont engagé une vaste campagne de communication autour du nouveau régime de l'auto-entrepreneur. De multiples conférences ont été organisées. Plusieurs documents ont été réalisés comme Le Guide de l'auto-entrepreneur, sorti en début d'année et remis à jour en avril 2009 et *L'auto-entrepreneur bilan d'étape après 6 mois de mise en œuvre* paru le 21 juillet 2009.

Toutes les informations nécessaires concernant le nouveau régime sont disponibles sur le portail officiel : www.lautoentrepreneur.fr.

Un nouveau numéro azur dédié aux questions relatives au régime de l'auto-entrepreneur a été mis en place : 0821086028 accessible du lundi au vendredi de 8h30 à 18h30.

• L'Agence pour la création d'entreprises (APCE)

Le site de l'Agence pour la création d'entreprises (APCE) est très complet sur le nouveau régime de l'auto-entrepreneur : www.apce.com.

Un service en ligne spécifique, géré par les experts de l'APCE, répond dans un délai de 48 heures à toute question relative au régime de l'auto-entrepreneur : www.lautoentrepreneur@apce.com

• Planète auto-entrepreneur et l'« université » des auto-entrepreneurs

Les organisateurs du Salon des micro-entreprises qui gèrent le site Planète micro-entreprise ont créé un portail dès l'instauration du régime de l'auto-entrepreneur : www.planete-auto-entrepreneur.com. Ce site donne de multiples renseignements pratiques sur le régime.

Notons que le portail a organisé début juin 2009 une université des auto-entrepreneurs visant à donner conseils et explications sur ce nouveau régime.

• Le Syndicat des auto-entrepreneurs des services à la personne

La FESP (Fédération des services à la personne) a créé en février 2009 une branche spécifique dédiée aux auto-entrepreneurs. Son objet est d'organiser et structurer les auto-entrepreneurs exerçant leur activité dans le secteur des services à la personne (SAP) en proposant :
– des services d'aide à la création ;
– des formations ;
– un service juridique.

Des rubriques spécifiquesont vu le jour sur les sites des organisations précitées :
– www.lautoentrepreneur-sap@sap.com
– www.lautoentrepreneur-sap@fesp.asso.fr

Pour plus de précisions sur les services à la personne, voir au chapitre 5.

5. LE RÉGIME DE L'AUTO-ENTREPRENEUR EST LE PLUS SIMPLE POUR SE METTRE À SON COMPTE

Le choix d'un statut juridique pour exercer en solo

Au moment de démarrer une activité, le futur créateur est confronté à un premier choix important. Quel statut choisir ? Quel est le plus adapté à son projet ? Quels sont les points essentiels à considérer afin de bien démarrer son activité ?

Il convient, avant de vous lancer, que vous vous posiez plusieurs questions :

- Quelle est la nature de l'activité que vous souhaitez réaliser (vente achat de produits, prestations de services, etc.) ?
- Quel volume d'activité anticipez-vous (niveau du chiffre d'affaires au démarrage, puis en période de croisière) ?
- Votre activité va-t-elle se développer rapidement dans les années qui viennent ?
- Devrez-vous, pour mener à bien votre activité, investir en matériel et outillage, avoir un atelier (si vous souhaitez, par exemple, vous spécialiser dans la restauration de meubles anciens) ?
- Quelles seront les différentes charges liées à votre activité (frais de déplacement, transport, achats de produits destinés à la revente) ?
- Quelle est l'importance de votre patrimoine immobilier et/ou financier ?

En fonction de la réponse donnée à chacune de ces questions, vous devrez choisir le cadre juridique qui correspond le mieux à votre situation et à votre projet.

Ce choix est primordial : de nombreuses conséquences découlent du statut juridique (SA, SARL, EURL, EI, etc.) adopté par le créateur. En effet du statut choisi dépendent :

- **Les formalités de constitution et de fonctionnement :** ainsi, pour une entreprise individuelle, une seule personne suffit pour créer une entreprise, alors que pour une société (SARL, par exemple), il convient de réunir plusieurs associés.

- **La couverture sociale (Sécurité sociale, retraites) :** le régime de retraite des travailleurs indépendants est différent de celui des salariés.
- **La responsabilité engagée vis-à-vis des créanciers :** dans l'entreprise individuelle, l'entrepreneur est responsable sur l'ensemble de ses biens, alors que dans les sociétés s'interpose l'écran de la personne morale.
- **Le régime d'imposition :** il existe un régime propre aux travailleurs indépendants qui réalisent des bénéfices industriels et commerciaux (s'ils sont commerçants ou artisans) et des bénéfices non commerciaux (s'ils exercent une profession libérale).
- **La possibilité d'arrêter plus ou moins facilement son activité.**

Les différents statuts à votre disposition

Rappelons les différents statuts juridiques qui s'offrent à vous.

• L'entreprise individuelle commerciale, artisanale ou libérale

Il existe à l'intérieur du statut de l'entreprise individuelle deux régimes qui s'adressent aux très petites entreprises. Il s'agit :

- du régime de la **micro-entreprise,** institué il y a dix ans, dont l'activité est limitée en chiffre d'affaires et qui dispose d'un régime fiscal spécifique ;
- du régime de l'**auto-entrepreneur,** institué au 1er janvier 2009, dont l'activité est limitée en chiffre d'affaires et qui s'accompagne d'un dispositif visant à faciliter au maximum sa constitution et son fonctionnement par l'instauration d'un régime social et fiscal simplifié.

• L'EURL

L'EURL (entreprise unipersonnelle à responsabilité limitée) est une SARL qui ne comporte qu'un seul associé. Le capital est fixé librement. La responsabilité du chef d'entreprise est limitée au montant de son apport dans le capital.

• La société (SARL, SA)

Dans ces deux dernières catégories d'entreprises, vous êtes tenu à des formalités plus complexes pour la constitution des sociétés et pour leur fonctionnement : nécessité d'établir des comptes annuels, convocation dans le cas des SA et SARL d'assemblées générales d'actionnaires ou de porteurs de parts, formalités spécifiques pour la dissolution.

 **À noter**

Différence entre « statut » et « régime »

Les deux termes sont souvent considérés comme synonymes et, dans cet ouvrage, on emploiera indifféremment l'un ou l'autre pour désigner le nouveau dispositif mis à la disposition des auto-entrepreneurs.

Pourtant, il existe en principe une réelle différence entre les deux mots.

Statut : le mot fait référence aux statuts juridiques (entreprise individuelle, EURL, société, etc.).

Régime : le mot renvoie aux différentes catégories existant à l'intérieur d'un même statut.

Ainsi, l'auto-entrepreneur n'est pas un statut. Les spécialistes parlent du régime de l'auto-entrepreneur : c'est une forme particulière d'entreprise individuelle pour laquelle existent des règles de fonctionnement et un système social et fiscal spécifique.

De même, la micro-entreprise n'est pas un statut : c'est une entreprise individuelle qui a un régime fiscal spécifique.

6. L'AUTO-ENTREPRISE, UNE MICRO-ENTREPRISE SIMPLIFIÉE

Parmi les entreprises individuelles, il existe un régime dédié aux plus petites d'entre elles : la micro-entreprise.

Avant le 1er janvier 2009, le statut le plus simple pour un travailleur indépendant était celui de l'entreprise individuelle avec option pour le régime simplifié de la micro-entreprise.

Depuis le 1er janvier 2009, le régime le plus simple est désormais l'auto-entreprise. L'auto-entreprise est une micro-entreprise particulière et simplifiée. C'est une micro-entreprise qui bénéficie de facilités nouvelles de création et de fonctionnement et d'une simplification dans le calcul et le paiement des cotisations sociales et fiscales.

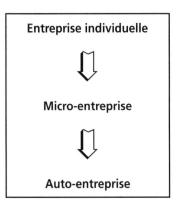

L'auto-entrepreneur est un entrepreneur individuel bénéficiant d'un régime simplifié de micro-entreprise

 Avis du pro

«Ne pas confondre auto-entreprise et création d'entreprise. L'auto-entrepreneur est une personne qui, toute seule, crée une activité.»

Sandrine Wehrli,
directrice de Création-Transmission-CFE à l'Assemblée des Chambres fran-
çaises de commerce et d'industrie (ACFCI).

Rappels sur les caractéristiques de l'entreprise individuelle

C'est le statut le plus simple et le plus fréquemment utilisé par les créateurs d'entreprise. En voici les principales caractéristiques :

- **Obligation financière :** il n'y a pas de capital social à constituer de même qu'il n'existe pas de patrimoine spécifique possédé par l'entreprise.

- **Responsabilité du chef d'entreprise :** il est indéfiniment responsable des dettes de l'entreprise sur son patrimoine personnel.
- **Obligations comptables :** le chef d'entreprise gère son affaire sans avoir à préparer de comptes annuels (bilan et compte de résultats).
- **Statut social :** en fonction de son activité, l'entrepreneur individuel dépend du régime des non-salariés (s'il est artisan ou commerçant) ou du régime des professions libérales.
- **Formalités de constitution :** les commerçants obtiennent leur immatriculation au registre du commerce et des sociétés (RCS) auprès des Chambres de commerce et d'industrie, et les artisans obtiennent leur immatriculation au répertoire des métiers (RM) auprès des Chambres des métiers et de l'artisanat.
- **Fiscalité :** l'entrepreneur individuel est soumis à l'impôt sur le revenu dans la catégorie des bénéfices industriels et commerciaux (BIC) s'il est commerçant ou artisan, ou des bénéfices non commerciaux (BNC) s'il exerce une profession libérale. Il est soumis au système du réel (ses revenus professionnels sont calculés en faisant la différence entre son chiffre d'affaires et ses différentes charges).

Rappels sur les caractéristiques de la micro-entreprise « classique »

La micro-entreprise est une entreprise individuelle destinée aux petites structures dont l'activité est plafonnée et le fonctionnement simplifié :

- **Chiffre d'affaires plafonné :** le régime de la micro-entreprise est un régime d'ordre fiscal, qui concerne les exploitants individuels dont le chiffre d'affaires est inférieur à des seuils donnés. Pour l'année 2009, les seuils à ne pas dépasser sont 80 000 € (pour les entreprises de vente de marchandises, d'objets, d'aliments à emporter ou à consommer sur place, etc.), et 32 000 € (pour les entreprises de prestations de services : garde d'enfants, cours d'anglais à domicile, interprétariat, plomberie, travaux d'électricité, expertise, conseil en organisation, etc.).
- **Obligations comptables réduites :** la micro-entreprise est dispensée d'établir des comptes annuels ; elle doit seulement tenir un livre des recettes et un registre des achats. Les factures sont établies obli-

gatoirement hors taxes, assorties de la mention «TVA non applicable, article 293 B du CGI».

- **Statut social:** le micro-entrepreneur dépend du régime des non-salariés (s'il est artisan ou commerçant) ou du régime des professions libérales.
- **Formalités de constitution:** les micro-entreprises sont immatriculées au registre du commerce et des sociétés (RCS) pour les commerçants, ou au répertoire des métiers (RM) pour les artisans. L'immatriculation est une formalité payante.

7. LES INNOVATIONS DU RÉGIME DE L'AUTO-ENTREPRENEUR

Le régime de l'auto-entreprise présente quelques similitudes avec la micro-entreprise «classique». Toutefois, il est innovant à bien des égards (modalités administratives et régime social et fiscal).

 **À retenir**

- L'auto-entreprise n'est pas une forme juridique, c'est un régime spécifique dépendant du statut juridique de l'entreprise individuelle.
- L'auto-entreprise est une micro-entreprise particulière dont le régime fiscal et le régime social sont simplifiés (d'où les appellations «micro-fiscal» et «micro-social simplifié»).
- Seules les recettes encaissées sont retenues pour le calcul des cotisations sociales et de l'impôt sur le revenu.
- Les notions de «résultat» ou de «bénéfice» n'entrent pas en ligne de compte.

Comme la micro-entreprise: une activité plafonnée et une exonération de la TVA

L'activité de l'auto-entrepreneur ne doit pas dépasser les plafonds annuels de chiffre d'affaires autorisés pour la micro-entreprise: 32 000 € pour une activité de prestations de services (cours d'anglais ou de piano à domicile, architecte d'intérieur, radiesthésiste, services à la personne, expert, etc.), et 80 000 € pour des opérations commerciales (vente de produits de bien-être par exemple).

Les auto-entrepreneurs sont par ailleurs exonérés de TVA (pas de facturation de TVA, pas de récupération possible de la TVA sur les achats).

Première innovation : déclaration d'activité simple et gratuite

Les modalités de création sont simples et rapides : une déclaration d'activité gratuite suffit pour démarrer l'activité (en ligne ou auprès d'un Centre de formalités des entreprises). Au cours des premiers six mois de 2009, 70 % des auto-entrepreneurs se sont inscrits *via* le site www.lautoentrepreneur.fr et 30 % par les Centres de formalités des entreprises (CFE) des Chambres de commerce et d'industrie ou des Chambres des métiers et de l'artisanat.

L'auto-entrepreneur est dispensé de s'immatriculer au registre du commerce et des sociétés (RCS) s'il exerce une activité de commerçant ou au répertoire des métiers (RM) s'il exerce une activité d'artisan. Toutefois, pour tenir compte des demandes des Chambres des métiers et de l'artisanat, les auto-entrepreneurs ayant choisi une activité artisanale devront s'immatriculer au répertoire des métiers. Des précisions devraient être apportées d'ici la fin de l'année 2009.

Deuxième innovation : le prélèvement à la source des cotisations sociales et de l'impôt sur le revenu

L'auto-entrepreneur bénéficie de dispositifs lui permettant de s'acquitter de ses obligations sociales et fiscales par prélèvement à la source, le régime micro-social simplifié et le régime micro-fiscal. Chaque trimestre ou chaque mois (au choix), il effectue sa déclaration de chiffre d'affaires de la période écoulée et applique au montant dégagé un taux forfaitaire correspondant à ses cotisations sociales et à ses cotisations fiscales. Il effectue le règlement de ces cotisations simultanément à la déclaration.

1

• Le régime micro-social simplifié

Les cotisations sociales à payer de l'auto-entrepreneur se calculent en proportion des recettes et après l'encaissement de celles-ci :

- Si l'auto-entrepreneur ne dégage pas de chiffre d'affaires pendant quelques mois, il n'a pas à s'acquitter de cotisations.
- Les cotisations dues dépendent des recettes encaissées au cours de la période précédent la déclaration trimestrielle (ou mensuelle) de chiffre d'affaires. Contrairement au système antérieur s'appliquant aux travailleurs indépendants et aux professions libérales, les cotisations se calculent sur le chiffre d'affaires généré le trimestre (ou le mois) précédent. Ainsi, ni frais ni cotisations sociales ne sont à régler avant le début de l'activité. Le nouveau régime présente en cela un avantage important pour la trésorerie de l'auto-entreprise.
- Les cotisations, dues, déclarées et payées en même temps que la déclaration trimestrielle ou mensuelle de chiffre d'affaires, sont soumises à un taux forfaitaire qui s'élève à 12 %, 21,3 % ou 18,3 % du montant du chiffre d'affaires selon l'activité exercée. Aucune régularisation ultérieure n'est donc nécessaire.

Pour de plus amples informations sur le régime micro-social simplifié, voir au chapitre 6 relatif à la protection sociale de l'auto-entrepreneur (p.133).

 **À noter**

Précisions sur quelques termes

Le **chiffre d'affaires** d'une entreprise correspond aux ventes de celle-ci.

Les **recettes** correspondent aux ventes ou au chiffre d'affaires encaissés.

Le **résultat** d'une entreprise est la différence entre ses ventes et ses charges (achats de produits pour les revendre, dépenses diverses – frais de téléphone, d'électricité, de transport, de publicité, de communication, cotisations sociales, etc.). Si les ventes sont supérieures aux charges, un **bénéfice** est enregistré.

• Le régime micro-fiscal

Ce régime permet de payer son impôt sur le revenu après chaque trimestre (ou chaque mois) d'activité en même temps que ses cotisations sociales.

Le versement libératoire de l'impôt sur le revenu s'élève à 1 %, 1,7 % ou 2,2 % du chiffre d'affaires selon l'activité exercée. Le régime micro-fiscal n'est pas obligatoire. Il est choisi sur option par l'auto-entrepreneur.

Pour plus de précisions sur le régime micro-fiscal, reportez-vous au chapitre 7 relatif à la fiscalité de l'auto-entrepreneur.

 **En bref**

Les différences entre l'auto-entreprise et la micro-entreprise

Micro-entreprise

- Immatriculation au registre du commerce et des sociétés (commerçants) ou au répertoire des métiers (artisans).

- Cotisations sociales à payer de manière forfaitaire pour les deux premières années avec régularisation les années suivantes.

- Régimes micro-BIC et micro-BNC : revenu professionnel déterminé par le fisc (chiffre d'affaires – abattement).

Auto-entrepreneur

- Démarrage de l'activité simplifié et sans contraintes : inscription et enregistrement facile.

- Cotisations sociales calculées à titre définitif sur le chiffre d'affaires trimestriel (ou mensuel) réalisé : aucune régularisation ne peut intervenir ultérieurement.

- Régime micro-social simplifié : taux forfaitaire de cotisations (12 %, 18,3 % et 21,3 % selon l'activité).

- Régime micro-fiscal : taux forfaitaire d'impôt sur le revenu (1 %, 1,7 % ou 2,2 % selon l'activité).

8. UN RÉGIME INADAPTÉ DANS CERTAINES SITUATIONS

Si vous envisagez de devenir auto-entrepreneur, il est conseillé de vérifier que ce régime convient à votre situation. Pour quel statut est-il plus avantageux pour vous d'opter ? Pour le statut d'auto-entrepreneur ? Celui d'entreprise individuelle ? De micro-entreprise « classique » ? ou bien pour un statut de société (SARL ou EURL par exemple) ? En effet, selon votre situation et vos objectifs d'activité, le régime de l'auto-entrepreneur ne sera pas toujours le meilleur choix.

Voici quelques situations où celui-ci n'est pas recommandé.

• Votre activité supporte de nombreuses charges

Quelle que soit l'activité que vous comptez développer, le régime de l'auto-entrepreneur ne tient pas compte de vos charges dans le calcul des cotisations sociales. Que votre résultat professionnel (prix de vente – prix de revient) soit positif, nul ou déficitaire, vous aurez de toute manière à payer des taxes proportionnelles à votre chiffre d'affaires. D'autant plus que l'auto-entreprise est exonérée de TVA, et la TVA sur achats ne peut être récupérée.

Pour les autres catégories d'entreprises (entreprises individuelles classiques, sociétés), les charges sociales et les impôts sont calculés sur le résultat professionnel de l'entreprise (chiffre d'affaires – charges). Contrairement au régime de l'auto-entrepreneur, les différentes charges supportées par l'entreprise (achats de produits, frais de communication, frais de transport, etc.) sont prises en compte et déduites avant le calcul des cotisations. De plus, ces autres catégories d'entreprise sont soumises à la TVA, et la TVA sur les achats peut être récupérée.

Aussi, ne vaut-il pas mieux écarter l'idée de devenir auto-entrepreneur et effectuer plus de formalités, tenir une comptabilité plus rigoureuse (calculer la TVA mensuellement ou trimestriellement pour récupérer la part de TVA sur les achats) afin d'augmenter votre rentabilité et vous accorder un revenu professionnel plus élevé ?

- **Votre activité nécessite des investissements importants (outillages, matériel, etc.)**

Il s'agit d'une situation analogue à la précédente. Non seulement vous ne récupérez pas la TVA sur votre dépense d'investissement, mais vous ne pourrez pas déduire l'amortissement de votre matériel.

Pour les autres catégories d'entreprises (entreprises individuelles classiques, sociétés), les charges sociales et les impôts sont calculés sur le résultat professionnel de l'entreprise (chiffre d'affaires – charges). Contrairement au régime de l'auto-entrepreneur, les différentes charges supportées par l'entreprise (achats de produits, frais de communication, frais de transport, etc.) sont prises en compte et déduites avant le calcul des cotisations. De plus, ces autres catégories d'entreprise sont soumises à la TVA, et la TVA sur les achats peut être récupérée.

Aussi, ne vaut-il pas mieux écarter l'idée de devenir auto-entrepreneur et effectuer plus de formalités, tenir une comptabilité plus rigoureuse (calculer la TVA mensuellement ou trimestriellement pour récupérer la part de TVA sur les achats) afin d'augmenter votre rentabilité et vous accorder un revenu professionnel plus élevé ?

- **Vous anticipez dès le départ un dépassement des seuils de chiffre d'affaires autorisés**

Il faut envisager un autre régime.

- **Vous disposez d'un patrimoine important**

L'entreprise individuelle ne le garantit nullement. Vous êtes responsable sur tous vos biens. Il est vrai que le législateur a institué une certaine protection contre les créanciers professionnels en rendant possible la déclaration d'insaisissabilité de son habitation principale.

- **Vous avez besoin d'une grande crédibilité**

Le statut de société vous permettra parfois d'apparaître plus « crédible » aux yeux de vos clients, par exemple dans le cas de prestations de conseil aux entreprises. D'autant plus que vos clients ne pourront pas récupérer

la TVA si vous êtes auto-entrepreneur (puisque vous facturez sans TVA) contrairement aux fournisseurs qui sont en société.

Avant de choisir un statut juridique ou un régime particulier, il est donc vivement recommandé d'effectuer des simulations visant à calculer votre revenu professionnel net de cotisations et d'impôts selon les différents dispositifs existants (par exemple, auto-entrepreneur, entreprise individuelle «classique», société). Cf. le site **www.apce.com**.

 **À noter**

Le régime de l'auto-entrepreneur est à déconseiller dans certains cas

Il est inadapté pour une activité professionnelle engendrant des charges importantes (achats, frais de communication, de déplacement, de transport, etc.) et des investissements lourds.

9. LA MISE EN PLACE PROGRESSIVE DU RÉGIME DE L'AUTO-ENTREPRENEUR

Étant donné la nouveauté du statut de l'auto-entrepreneur et le nombre de ceux qui voudraient en bénéficier, des précisions ont été progressivement apportées par les pouvoirs publics sur plusieurs points afin de toucher de nouveaux publics. Toutefois, différentes questions restent à ce jour irrésolues et devraient faire l'objet de réponses ultérieures.

La nouvelle législation et les précisions enregistrées depuis le 1er janvier 2009

• Un accès élargi du régime à certaines professions libérales

Une incertitude subsistait au début de l'année 2009 sur la possibilité de nombreuses activités libérales d'accéder au régime de l'auto-entrepreneur.

Le flou a été levé le 17 février 2009. De nombreux blogueurs ont salué l'extension du régime aux candidats exerçant une profession libérale car certains, s'étant inscrits dès le 1er janvier 2009, avaient vu leur dossier refusé.

Il a fallu le vote d'un amendement à la loi sur la relance du 17 février 2009 pour que les professionnels libéraux créant une activité relevant de la CIPAV (Caisse interprofessionnelle de prévoyance et d'assurance vieillesse) puissent avoir accès au régime de l'auto-entrepreneur en optant pour le régime micro-social simplifié. Sont ainsi concernées plus de 150 professions.

• La déclaration mensuelle

À compter du 1er juillet 2009, il est devenu possible de déclarer le chiffre d'affaires, les cotisations et de payer les cotisations sociales chaque mois (alors qu'auparavant il était prévu que la déclaration et le paiement des cotisations calculées sur le chiffre d'affaires réalisé se fassent chaque trimestre uniquement).

• Une législation nouvelle pour les demandeurs d'emploi

Une nouvelle législation a été votée en février 2009 afin d'inciter les demandeurs d'emploi à devenir auto-entrepreneurs :

– un demandeur d'emploi indemnisé peut bénéficier du maintien des indemnités chômage simultanément à son revenu professionnel d'auto-entrepreneur, ainsi que d'un système d'aide financière au démarrage de l'activité (ARCE, aide à la reprise ou à la création d'entreprise)[1] ;

– un demandeur d'emploi, qu'il soit indemnisé ou non, peut avoir droit à un dispositif de charges sociales allégées et remaniées (ACCRE, aide aux chômeurs créateurs repreneurs d'entreprise) à compter du 1er mai 2009[2].

---

1. Pour plus de précisions sur les aides dont bénéficie un demandeur d'emploi qui crée une entreprise, voir au chapitre 3, p. 63.

2. Pour plus de précisions sur le dispositif de charges sociales réduites, voir au chapitre 6, p. 149.

• Détails apportés sur le régime de la protection sociale

Des précisions ont été apportées en avril 2009 par le régime social des indépendants (RSI), organisme chargé de gérer les prestations sociales de santé et de retraite des travailleurs indépendants. En particulier, la répartition du forfait de cotisations sociales demandé aux auto-entrepreneurs entre les différents risques assurés (assurance maladie-maternité, retraite de base, retraite complémentaire, etc.) a été communiquée. (cf. chapitre 6).

• Une nouvelle législation moins restrictive sur le cumul emploi retraite

L'application d'une nouvelle loi à compter du 1er janvier 2009 visant à faciliter le cumul d'une retraite avec un emploi devrait inciter de nombreux retraités à devenir auto-entrepreneurs. En effet, il est clairement indiqué que les retraités n'auront pas à craindre une suspension ou même une réduction de leur pension

– s'ils ont liquidé leurs différentes retraites ;

– s'ils sont âgés de plus de 65 ans ;

– ou bien s'ils sont âgés de plus de 60 ans et ont obtenu leur retraite à taux plein.

Pour plus de détails sur ce nouveau système de cumul emploi retraite, voir au chapitre 3, p. 75.

Les questions encore en suspens

Beaucoup de questions restent encore en suspens. Un certain nombre de futurs auto-entrepreneurs souhaitent obtenir des informations plus précises afin de respecter la législation et ne pas risquer de se mettre « hors la loi ». Les blogs dédiés aux auto-entrepreneurs fourmillent d'interrogations d'internautes se demandant si l'auto-entrepreneuriat est fait pour eux. La loi et les décrets d'application sont encore très récents (respectivement août 2008, 31 décembre 2008, fin janvier 2009, décrets d'application du 17 février 2009) et tous les doutes ne sont pas levés sur les plans législatif ou réglementaire. Les organismes sociaux sont parfois débordés et compte tenu de la nouveauté du régime, les interlocuteurs interrogés donnent parfois des réponses contradictoires. Le régime de l'auto-entrepreneur, si récent, se met en place progressivement. Au fur et à mesure, certaines questions en instance trouvent leur solution.

Le régime de l'auto-entrepreneur n'est pas figé. Il est en évolution constante et certains points font débat. Plusieurs zones d'ombre devraient être progressivement éclaircies. Par exemple :

- Que faire pour les activités internationales ? Et notamment, comment commercer avec les pays membres de la Communauté européenne si l'auto-entrepreneur ne dispose pas de numéro de TVA intracommunautaire ?

- Qu'en est-il de l'assouplissement de la réglementation concernant les fonctionnaires en poste qui souhaiteraient devenir auto-entrepreneurs ?

- Comment vérifier les compétences des auto-entrepreneurs, notamment ceux qui exercent des activités nécessitant des compétences particulières (par exemple, dans le bâtiment, les professions de préparation et de fabrication de produits frais comme la boulangerie ou les glaces artisanales, etc.) ?

- Qu'en est-il des assurances responsabilité civile ?

- Comment parer à l'éventuelle concurrence exercée par un salarié devenant auto-entrepreneur sur le même marché que son employeur ?

- Comment calmer les craintes des PME et des artisans qui redoutent une concurrence déloyale, en particulier dans le bâtiment ?

• La mission d'évaluation du statut de l'auto-entrepreneur

Pour améliorer et corriger d'éventuels dysfonctionnements, les autorités ministérielles ont décidé d'instaurer une mission d'évaluation du statut de l'auto-entrepreneur. Le comité de suivi, qui tiendra ses travaux fin 2009, est constitué de représentants des Chambres de commerce et des Chambres des métiers, des organisations patronales (CGPME, Confédération générale des petites et moyennes entreprises, UPA, MEDEF), et également de représentants des auto-entrepreneurs. Il devra proposer des mesures nouvelles qui pourraient être mises en application dès janvier 2010

1

• Le groupe de travail sur l'artisanat

Depuis l'instauration du régime de l'auto-entrepreneur, la réticence voire l'hostilité des Chambres des métiers et de l'artisanat à l'égard de cette innovation s'est fait clairement sentir. L'accusation principale pensant sur le nouveau statut porte sur la concurrence déloyale exercée par les auto-entrepreneurs à l'encontre des artisans enregistrés au répertoire des métiers. Sont en cause :

- **L'exonération de la TVA :** les auto-entrepreneurs, ne facturant pas la TVA à leurs clients, sont en mesure de proposer les mêmes prestations à des tarifs moins élevés et portent ainsi ombrage aux artisans enregistrés auprès des Chambres des métiers et de l'artisanat.

- **L'absence d'obligation de souscrire une assurance responsabilité civile** et parfois une assurance de garantie décennale (par exemple, dans les métiers du bâtiment) pour les auto-entrepreneurs. Cet état de fait serait préjudiciable aux artisans enregistrés (concurrence déloyale en raison du coût des assurances) et également aux consommateurs qui ne seraient pas couverts en cas de désordre.

- **La compétence non contrôlée des auto-entrepreneurs :** à la différence des artisans enregistrés comme tels auprès des Chambres des métiers et de l'artisanat, les auto-entrepreneurs n'ont pas à suivre les sessions de formation dispensées par celles-ci. Citons en particulier la formation obligatoire à la gestion (stage de préparation à l'installation des artisans d'une durée de 4 jours).

La Fédération française du bâtiment, membre des Chambres des métiers et de l'artisanat, a été jusqu'à demander d'exclure les métiers du bâtiment du régime de l'auto-entrepreneur. Elle souligne en particulier « la dégradation de l'image du secteur, le statut de l'auto-entrepreneur assimilant les artisans à de simples bricoleurs ».

Le groupe de travail sur l'artisanat a été mis en place en avril 2009 afin de proposer d'éventuels ajustements éventuels au régime de l'auto-entrepreneur.

Fin juin 2009, pour tenir compte des diverses critiques émanant du groupe de travail sur l'artisanat, des aménagements importants au statut de l'auto-entrepreneur concernant les artisans ont été annoncés :

- Tout créateur d'entreprise dans le domaine artisanal soumis à qualification professionnelle devra **attester de sa qualification** en justifiant soit l'obtention d'un diplôme en rapport avec l'activité, soit une expérience professionnelle de trois années, soit la validation des acquis de l'expérience dans l'activité concernée. L'attestation de qualification professionnelle pourra être effectuée sur le site officiel www. lautoentrepreneur.fr. Pour le moment, il n'est pas précisé quels seront les organismes qui seront habilités à valider la qualification professionnelle.

- Les auto-entrepreneurs exerçant une activité artisanale à titre principal auront l'**obligation de s'immatriculer au répertoire des métiers lors de leur inscription au régime de l'auto-entrepreneur**. Il s'agit là d'une très grande modification par rapport à ce qui avait été proposé initialement dans le régime de l'auto-entrepreneur. L'immatriculation serait gratuite et prise en charge par les pouvoirs publics.

 # En résumé

Le régime de l'auto-entrepreneur

- L'auto-entrepreneur exerce une petite activité indépendante.

- L'auto-entrepreneur peut exercer son activité comme activité principale à temps plein ou bien la cumuler avec un autre statut : salarié, retraité, demandeur d'emploi, étudiant, fonctionnaire.

- Le plafond annuel de chiffre d'affaires est fixé pour 2009 à 80 000 € pour la vente de produits et les prestations d'hôtellerie, et à 32 000 € pour les services à la personne, les métiers du bâtiment et les activités libérales.

- Les formalités de création et d'inscription au registre des entreprises SIREN-SIRET sont simples, rapides et gratuites.

- La couverture sociale de l'auto-entrepreneur comprend l'assurance maladie-maternité, la retraite de base et la retraite complémentaire (voir au chapitre 6).

- Les cotisations sociales sont forfaitaires, calculées au prorata des ventes réalisées. Si aucun chiffre d'affaires n'est déclaré, il n'y a pas de cotisations à payer.

- L'auto-entrepreneur dispose de l'option pour un versement libératoire de l'impôt sur le revenu (voir au chapitre 7).

QUELLES MOTIVATIONS ET QUALITÉS FAUT-IL POUR DEVENIR AUTO-ENTREPRENEUR ?

2

1. LES MOTIVATIONS DES AUTO-ENTREPRENEURS

Plusieurs types de motivations animent les futurs auto-entrepreneurs.

Créer sa propre activité

• Créer une activité selon ses aspirations

Les futurs auto-entrepreneurs souhaitent avant tout devenir travailleurs indépendants dans un domaine qui correspond à leurs compétences et à leurs aspirations.

Nombreux sont ceux qui ont des connaissances ou des qualités, développées au cours de leur vie professionnelle ou dans leurs loisirs, qu'ils pourraient monnayer. Par exemple :

- une dame retraitée souhaitant vendre ses créations de broderie ;
- un cadre expérimenté désireux de prodiguer des cours de gestion en dehors de ses horaires de travail ;
- une personne bilingue proposant des cours de langue ;
- un demandeur d'emploi sachant réparer et restaurer des meubles et objets anciens ;
- le salarié d'une administration, cuisinier hors pair, qui envisage d'élargir son horizon en se rendant au domicile de particuliers pour préparer des repas de fêtes ;

– un étudiant passionné d'informatique et spécialiste de création de sites Internet qui propose ses services à des entreprises, etc.

• **Créer une très petite structure**

L'auto-entrepreneur se revendique comme étant un travailleur indépendant voulant créer une activité professionnelle qui correspond à ses capacités et à ses envies.

Les plafonds de chiffre d'affaires autorisés en particulier pour les activités de prestations de services (activités artisanales et libérales) l'obligent à rester modeste dans ses ambitions. L'auto-entrepreneur n'est pas animé au départ par le désir de créer une entreprise qui pourrait se développer fortement. Il souhaite démarrer une activité et avisera le moment venu de la suite à donner à celle-ci si son chiffre d'affaires dépasse le plafond autorisé.

**ttention !**

Distinction entre création d'une activité d'auto-entrepreneur et création d'entreprise

Le rapport Hurel souligne la différence entre la création d'une activité par l'auto-entrepreneur et la création d'entreprise «au sens où on l'entend le plus souvent» :

• Les auto-entrepreneurs créent une «activité pour répondre à un besoin immédiat».

• La création d'entreprise se fait «dans la perspective du long terme».

François Hurel,
Rapport en faveur d'une meilleure reconnaissance du travail indépendant,
10 janvier 2008, ministère de l'Économie, de l'Industrie et de l'Emploi.

Tester sa propre capacité à bien gérer

Même si les formalités de création et de règlement des cotisations obligatoires sont simplifiées, il n'en reste pas moins que l'auto-entrepreneur aura à affronter comme tout entrepreneur des problèmes d'organisation, des problèmes financiers, des problèmes de prospection de nouveaux clients.

2

Le créateur d'activité est une personne douée de bon sens et d'un peu de «folie» au sens positif du terme. Il a de l'imagination puisqu'il veut créer. Mais, il doit aussi savoir prendre le temps de la réflexion et ne pas se lancer tête baissée sans avoir étudié son marché, ses clients, les prix de ses produits ou de ses prestations, sans avoir trouvé le moyen de se faire connaître. Il n'oubliera pas non plus que son activité doit lui procurer des revenus. Les problèmes financiers (financement, marges bénéficiaires) ne doivent pas être négligés.

S'organiser et faire fonctionner au jour le jour son activité va renforcer ses compétences en gestion. Ainsi, il est possible d'affirmer que le régime de l'auto-entrepreneur constitue une sorte d'école de gestion d'entreprise.

S'assurer un revenu complémentaire

• Compléter ses revenus par un cumul d'activités

La principale motivation qui anime l'auto-entrepreneur est de disposer d'un revenu professionnel additionnel. En période de crise où le pouvoir d'achat des revenus salariaux et des pensions de retraite stagne, nombreux sont en effet les candidats à la recherche d'une activité leur permettant d'arrondir leurs fins de mois.

Certains vont rechercher un revenu provenant d'une activité à temps partiel car ils ont par ailleurs une autre activité (salarié, fonctionnaire). Ils souhaitent cumuler deux activités en parallèle et deux sources de revenus. L'étude sur le profil type de l'auto-entrepreneur (voir ci-après) indique que près de 44 % des inscrits sont salariés ou retraités.

Les étudiants s'intéressent aussi au nouveau régime d'auto-entrepreneur pour financer leurs études.

• Exercer une activité saisonnière

D'autres souhaitent développer une activité saisonnière (guide touristique par exemple). Le statut de l'auto-entrepreneur permet en effet d'avoir une activité, de l'interrompre temporairement puis de la reprendre dans la limite d'une rupture éventuelle d'activité d'une durée d'un an maximum.

 **À noter**

Revenu complémentaire, revenu d'appoint, petit boulot, activité saison-nière, etc. : le régime de l'auto-entrepreneur a été créé pour vous aider et vous fournir un cadre juridique.

Tester un projet en grandeur nature

Pourquoi ne pas se lancer dans une nouvelle activité sans prendre trop de risques et avec la possibilité d'arrêter son affaire par une simple déclaration dans le cas où vos performances seraient en deçà des prévisions ?

Le régime de l'auto-entrepreneur vous offre l'opportunité de mener une étude de marché grandeur nature.

Si vous disposez d'un projet bien ficelé, bien étudié, avec des prévisions de ventes, de charges, de financement, si vous estimez avoir fait le tour de la question, si vous avez suivi les conseils d'experts et de structures d'ac-compagnement, alors, démarrez votre activité en vous inscrivant comme auto-entrepreneur.

Si les résultats de votre affaire répondent à vos attentes, tout va bien.

Si, en revanche, vous remarquez que le test est négatif, vous en déduirez qu'il convient de ne pas poursuivre et de cesser votre activité. Rien de plus simple : une déclaration de cessation d'activité ne vous prendra pas plus de temps ni d'argent qu'une déclaration d'activité.

 Avis du pro

« L'auto-entrepreneur peut valoriser une création d'activité qui va répondre à ses rêves ou à ses compétences pour une durée limitée. Ceux qui choisis-sent ce régime souhaitent tester une idée ou compléter leur revenu. »

Sandrine Wehrli, directrice Création-Transmission-CFE à l'Assemblée
des Chambres françaises de commerce et d'industrie (ACFCI).

Créer son propre emploi

Le régime de l'auto-entrepreneur peut inciter les demandeurs d'emploi et les personnes sans profession à créer leur propre emploi. Il s'agira dans ce cas de gagner sa vie en utilisant au mieux ses compétences. L'étude du profil type de l'auto-entrepreneur précise que le quart des auto-entrepreneurs récemment inscrits sont des demandeurs d'emploi (voir ci-après p. 43). Un dispositif spécifique incite d'ailleurs les demandeurs d'emploi à adopter le régime de l'auto-entrepreneur : ils peuvent conserver pendant une période déterminée leurs indemnités chômage et bénéficier d'un système dérogatoire de réduction de cotisations sociales[1].

Régulariser une activité d'e-commerce

Pour celles et ceux qui pratiquaient l'e-commerce de manière intensive, devenir auto-entrepreneur est une solution qui permet de régulariser leur activité.

Créer une activité avec des formalités réduites

La facilité avec laquelle on devient auto-entrepreneur favorise ceux qui souhaitent commencer une nouvelle activité. Le fait que la création de l'activité soit simplifiée est l'une des causes de l'attractivité du régime de l'auto-entrepreneur. Voici les atouts mis en avant :
- minimum de formalités de création ;
- gratuité des formalités de création et de cessation d'activité ;
- facilité d'organisation (comptabilité très simplifiée) ;
- cotisations sociales réglées périodiquement en même temps que la déclaration trimestrielle (ou mensuelle) du chiffre d'affaires réalisé : il n'y a donc pas de complication avec les calculs de cotisations sociales forfaitaires annuelles sur des revenus estimés lors des deux premières années avec des régularisations ultérieures (système existant antérieurement).
- principe : pas d'activité, pas de cotisations sociales.

---

1. Voir aux chapitres 4 et 6.

Zoom sur...

... Le résultat d'un sondage de l'Union des auto-entrepreneurs et de l'APCE sur les motivations pour devenir auto-entrepreneur

Dans un sondage sur Les Français et l'Auto-Entreprise, effectué en juin 2009 sur Internet auprès de 1 071 personnes, 36 % des personnes interrogées souhaitant devenir auto-entrepreneur ont donné à la question « Pour quelles raisons ? » les réponses suivantes :

- 50 % : pour exercer une activité qui vous passionne ;
- 50 % : pour gagner un peu plus d'argent ;
- 44 % : pour être votre propre patron, être indépendant ;
- 28 % : pour tester une idée d'activité innovante, un nouveau produit ou un service ;
- 24 % : pour vous relever des défis, de nouveaux challenges ;
- 18 % : pour vous sortir d'une situation financière difficile, du chômage.

Source : Opinionway UAE, APCE, Salon des entrepreneurs Lyon Rhône-Alpes

Le profil type de l'auto-entrepreneur

Deux études permettent de mieux connaître le profil des auto-entrepreneurs :

- La première intitulée *Le profil type de l'auto-entrepreneur* réalisée par l'ACOSS (Agence centrale des organismes de Sécurité sociale, qui regroupe les URSSAF) porte sur les deux premiers mois d'application du nouveau régime (janvier et février 2009).
- La seconde fait l'objet de la plaquette intitulée *L'auto-entrepreneur – Bilan d'étape après 6 mois de mise en œuvre*, juillet 2009, publiée par Hervé Novelli, secrétaire d'État chargé du Commerce, de l'Artisanat, des Petites et Moyennes Entreprises, du Tourisme et des Services et de la Consommation.

En voici les principaux résultats.

• L'âge et le sexe des auto-entrepreneurs

Les deux études montrent que le profil type de l'auto-entrepreneur est différent de celui du créateur d'entreprise individuelle classique.

Quelles motivations et qualités faut-il pour devenir auto-entrepreneur ?

43

2

- Environ 66 % des créateurs auto-entrepreneurs sont des hommes, ce qui est supérieur au chiffre de 62 % enregistré récemment pour les créateurs d'entreprise individuelle.
- L'âge moyen est de 40 ans (contre 39 ans pour les créateurs habituels). On note en particulier la part plus faible des jeunes auto-entrepreneurs âgés de moins de 30 ans comparée à celle de la création habituelle : 21,2 % du total (contre 28 %). Inversement, les retraités auto-entrepreneurs sont deux fois plus nombreux : près de 6 % contre 4 % dans la création habituelle.

La répartition des âges est la suivante :
- auto-entrepreneurs de moins de 30 ans : 21,2 % ;
- auto-entrepreneurs entre 30 et 60 ans : 70,9 % ;
- auto-entrepreneurs de plus de 60 ans : 7,9 %.

• Le statut lors de l'inscription

Les chiffres suivants indiquent la répartition des auto-entrepreneurs selon leur statut au moment de leur inscription (pour les auto-entrepreneurs inscrits au 1er semestre 2009) :
- 33 % sont salariés ;
- 25 % sont demandeurs d'emploi ;
- 6 % sont retraités ;
- 36 % appartiennent à d'autres catégories (étudiants, créateurs d'activité sans statut préexistant).

• Les secteurs d'activité

Les cinq premières activités déclarées par les auto-entrepreneurs entrepreneurs (au cours des deux premiers mois de 2009) étaient, par ordre d'importance :
- le conseil en management et plus généralement tous types de conseil aux entreprises : communication, organisation, informatique ;
- les autres services personnels : astrologues, activités liées à la vie sociale (agences de rencontres et agences matrimoniales), psychologues, services pour animaux de compagnie, recherche généalogique, etc. ;

- les autres commerces de détail : tapis et moquettes, livres, jeux et jouets, appareils ménagers et produits électroniques grand public, enregistrements musicaux et vidéo, etc. ;
- la programmation informatique ;
- la vente à distance sur catalogue (vente par correspondance, commerce de détail sur Internet).

Les activités de conseil en gestion et de programmation informatique sont plus représentées que dans le cadre de la création habituelle d'entreprise. D'après les analystes de l'ACOSS, « il s'agit notamment, pour une part, de cadres ou de techniciens qui peuvent, à côté d'un emploi salarié, compléter ainsi leurs revenus d'activité. Il s'agit aussi, pour une autre part, de retraités qui continuent de pratiquer leur activité précédente ».

 En bref

Le profil type de l'auto-entrepreneur

Il s'agit plutôt d'un homme (66 % des auto-entrepreneurs), âgé de 40 ans en moyenne, salarié (33 %), demandeur d'emploi (25 %) ou retraité (7 %).

Source : L'auto-entrepreneur – Bilan d'étape après 6 mois de mise en œuvre, secrétariat d'État chargé du Commerce, de l'Artisanat, des Petites et Moyennes Entreprises, du Tourisme et des Services et de la Consommation

2. LES QUALITÉS REQUISES POUR DEVENIR AUTO-ENTREPRENEUR

Êtes-vous fait pour devenir auto-entrepreneur ?

• Les huit questions test

Voici huit questions à vous poser avant d'envisager une création d'activité pour vérifier que cette aventure est vraiment faite pour vous :

- Suis-je prêt à m'investir personnellement et financièrement dans une activité ?

- Suis-je prêt à prendre certains risques ?
- Ma force de caractère est-elle suffisante pour affronter un tel défi ?
- Ai-je une réelle expérience ou une compétence suffisante dans le secteur de ma future activité ?
- Aurai-je un financement suffisant pour développer mon projet ?
- Suis-je assez persévérant pour mener à bien mon projet (de l'idée à la réalisation effective d'une nouvelle activité) ?
- Suis-je prêt à accepter des contraintes financières (revenus incertains) ?
- Compte tenu de mes prévisions financières élaborées avec l'aide de spécialistes, mon projet semble-t-il réaliste, « bien ficelé » ? La réussite de la future activité semble-t-elle assurée ?

Si vous répondez par l'affirmative à toutes les questions, vous êtes prêt à démarrer votre activité.

Si vous doutez de la réponse à donner à certaines de ces questions, n'hésitez pas à repousser l'échéance du démarrage de votre activité, à demander de l'aide et éventuellement à abandonner votre idée de création.

• Les qualités requises de l'auto-entrepreneur

Les qualités essentielles de l'auto-entrepreneur peuvent être résumées ainsi :

- enthousiasme et motivation ;
- volonté, ténacité et détermination ;
- réalisme, pragmatisme, capacité d'adaptation ;
- compétence.

Les connaissances de base pour devenir auto-entrepreneur ?

• Les compétences requises

Chaque auto-entrepreneur a son propre parcours, sa propre expérience et ses propres compétences. Toutefois, pour bien gérer son affaire, il est recommandé de ne négliger aucun des trois domaines clés :

- **Le domaine commercial et marketing:** il convient de savoir qui sont ses clients et comment les toucher (communication, réseaux, circuits de distribution, etc.).

- **Le domaine financier, comptable:** bien que les obligations comptables de l'auto-entrepreneur soient très allégées, il faut toutefois rester vigilant sur la gestion de son activité en calculant les résultats financiers, en suivant quelques indicateurs de base et surtout en établissant des prévisions financières.

- **Le domaine technique:** cette recommandation est valable surtout dans le cas d'une activité de fabrication artisanale, si les produits que vous vendez sont techniques, ou si vous vous adressez à des professionnels (dans le cas notamment de prestations de conseil).

De plus, il convient d'avoir de bonnes notions concernant:
- – la banque pour savoir nouer des relations bancaires constructives;
- – les assurances pour prendre les assurances requises afin d'exercer son activité au mieux.

- **Des formations spécifiques pour créateurs auto-entrepreneurs**

Pour mieux appréhender la création d'entreprise, il existe des formations spécifiques (destinées aux futurs auto-entrepreneurs):

- **Les Boutiques de gestion** proposent notamment une formation «Créer et gérer son entreprise» sur 22 jours (aspects économiques et financiers, juridiques, fiscaux, commerciaux, etc.). Pour plus d'informations sur cette formation, rendez-vous sur **www.creer.fr**.

- **Les Chambres de commerce et d'industrie** proposent aux créateurs d'activité **une demi-journée d'information collective** pour faire le point sur la création d'entreprise (Quelles sont les grandes étapes? Quelles sont les bonnes questions à se poser?) ou une **session «5 jours pour entreprendre»**, formation d'approfondissement pour les futurs créateurs portant sur la gestion, le marketing, le développement commercial, la trésorerie, etc.

- **L'Union des auto-entrepreneurs** devrait également proposer des formations pour les nouveaux auto-entrepreneurs[1].

ttention !

Les pièges à éviter : ce qu'il ne faut pas faire

Voici quelques erreurs commises par certains candidats auto-entrepreneurs à éviter :

- choisir de créer une activité dans un secteur qui vous soit totalement inconnu ;
- vouloir vous lancer sans consacrer le temps nécessaire à la préparation de votre projet (en particulier, sans étudier le marché, la concurrence) ;
- oublier de prévoir les montants pour financer non seulement le démarrage mais aussi les premiers mois d'exploitation ou être beaucoup trop optimiste dans les prévisions financières (surestimer les ventes, sous-estimer les différentes charges) ;
- négliger les conseils et avis des professionnels et réseaux d'accompagnement.

Il s'agit donc de ne pas se laisser aveugler par la facilité de créer son auto-entreprise : il ne suffit pas de déclarer son activité pour enregistrer aussitôt des commandes.

Ne pas sous-estimer les risques

- **Les responsabilités de l'auto-entrepreneur**

Sans vouloir décourager les futurs auto-entrepreneurs, il convient de rappeler que le créateur d'activité voit sa responsabilité engagée à plus d'un titre. Il doit respecter un certain nombre de règles et se conformer à un cadre juridique, social, fiscal, financier, comptable et commercial précis. Compte tenu de la complexité de la législation, il prend des risques parfois importants s'il ne respecte pas parfaitement toutes les obligations auxquelles il est soumis. Les responsabilités de l'auto-entrepreneur sont les suivantes :

---

1. Voir au chapitre 1, p. 17.

- **responsabilité juridique :** respect des lois et des règlements. Par ailleurs, l'auto-entrepreneur peut voir sa responsabilité civile engagée dans le cadre de ses activités professionnelles. Il lui est vivement recommandé de souscrire une assurance en responsabilité civile professionnelle.
- **responsabilité fiscale :** respect des règles de la fiscalité (activité hors TVA, option pour le versement forfaitaire de l'impôt sur le revenu) ;
- **responsabilité sociale :** règlement des cotisations sociales obligatoires ;
- **responsabilité financière :** engagement de son apport financier (économies) et parfois de celui de son entourage (prêts ou aides de parents et/ou amis), et d'une manière plus générale de la totalité de son patrimoine ;
- **responsabilité bancaire :** caution éventuelle exigée par la banque pour obtenir des financements ;
- **responsabilité commerciale :** respect des délais de livraison des clients, fourniture de produits conformes à la description, etc.

• **Les obligations et les devoirs de l'auto-entrepreneur**

 **En bref**

Être auto-entrepreneur : le pour et le contre

• **Le pour**

Créer sa propre activité répond à la volonté de :
- vivre une aventure nouvelle ;
- être autonome et indépendant : être libre de prendre des décisions ;
- être responsable de ses actions ;
- agir selon son tempérament et ses aspirations ;
- réaliser sa passion ou ses rêves.

• **Le contre**

Créer son activité implique cependant de :
- prendre des risques financiers ;
- risquer d'avoir à faire face à un échec ;
- travailler beaucoup : ne pas compter les heures de travail inhérentes à la réussite du projet ;
- se « serrer la ceinture » au début de l'activité.

Quelles motivations et qualités faut-il pour devenir auto-entrepreneur ?

49

Comme tout travailleur indépendant (commerçant, artisan, prestataire de services), l'auto-entrepreneur est tenu d'une part de respecter la réglementation générale et d'autre part de respecter les normes professionnelles propres à son activité (compétence, diplôme requis, assurance responsabilité civile professionnelle, etc.).

L'auto-entrepreneur a le devoir de suivre la réglementation en particulier en matière de :

- qualification professionnelle ;
- hygiène.

3. LES RAISONS DU SUCCÈS DU NOUVEAU RÉGIME

Les avantages du régime de l'auto-entrepreneur

 **À noter**

Avantages par rapport au régime de la micro-entreprise ou de l'entreprise individuelle

Un créateur d'entreprise qui choisit le régime de la micro-entreprise doit payer, neuf mois après la création, un minimum de cotisations sociales, même sans encaissement. Le système des «cotisations estimées» perdure pendant deux années et c'est seulement lors de la troisième année qu'une régularisation est calculée.

Dans le régime de l'auto-entrepreneur, les cotisations sont payées périodiquement en fonction du chiffre d'affaires réalisé. L'auto-entrepreneur peut ainsi savoir exactement quelles sont ses charges sociales et de pouvoir en conséquence mieux connaître ses prix de revient.

- Facilité de création (une simple inscription sur Internet suffit).
- Absence de frais de constitution.

- Facilité d'organisation (la comptabilité est très simplifiée : seul un livre de caisse avec les rentrées doit être tenu).
- Formalités réduites (en cas d'absence d'activité, il n'y a pas de forfait de cotisations sociales à payer).
- Fiscalité simplifiée : pas de TVA (ni TVA déductible, ni TVA à facturer). Il faut reporter sur les factures « TVA non applicable, article 293 B du CGI ».
- Chaque trimestre (ou chaque mois), règlements des cotisations sociales en fonction du chiffre d'affaires auprès d'un seul organisme (RSI) en ligne : en cas d'absence de chiffre d'affaires, pas de cotisations à régler.
- Possibilité de paiement libératoire de l'impôt sur le revenu simultanément avec le règlement des cotisations sociales.

Le régime de l'auto-entrepreneur correspondrait pour certains à une sorte de « révolution » administrative :

- **Grande souplesse et facilité de création de son activité :** une simple déclaration en ligne et vous voilà auto-entrepreneur ; en quelques clics, vous êtes enregistré ; rien n'est à débourser pour cette déclaration.
- **Simplicité de fonctionnement :** chaque trimestre (ou chaque mois) vous déclarez votre chiffre d'affaires et réglez en même temps vos cotisations sociales et votre impôt sur le revenu en proportion de ce chiffre d'affaires. Si vous n'avez eu aucune activité au cours d'une période, eh bien, il ne se passe rien : pas de déclaration à faire ni de cotisation à verser.

 **À retenir**

Les principaux avantages du régime de l'auto-entrepreneur
- Simplicité de la création et de la cessation de l'activité.
- Aucun frais de constitution.
- Possibilité d'activité saisonnière.
- Charges nulles en l'absence d'activité.
- Formalités comptables réduites au minimum.
- Connaissance des charges sociales et fiscales liées à l'activité réalisée.

Quelles motivations et qualités faut-il pour devenir auto-entrepreneur ?

51

Les limites du régime de l'auto-entrepreneur

- Les plafonds de chiffre d'affaires restent modestes.
- Le statut de l'auto-entrepreneur ne prend en compte que l'activité (le chiffre d'affaires) et non le résultat (chiffre d'affaires – charges).
- La protection sociale est la même que celle des travailleurs indépendants. Si l'assurance-maladie est assurée, les droits à la retraite dépendent des cotisations versées (si les cotisations sont faibles, en particulier si l'activité est saisonnière, les prestations seront également faibles).
- L'obligation d'habiter une maison ou un appartement en rez-de-chaussée limite les possibilités des auto-entrepreneurs qui auraient une activité de vente de marchandises (livraison et stockage, réception de la clientèle)[1].
- Le statut pourrait engendrer un manque de reconnaissance à l'égard de la clientèle dans certains secteurs d'activité (par exemple, dans le commerce interentreprises B to B, *business to business*).
- Le fait de ne pas avoir à tenir de comptabilité peut rendre le dialogue avec les banques délicat, voire impossible. De plus, cela rend difficile l'élaboration de prévisions financières.
- Le régime de l'auto-entrepreneur est à déconseiller pour les activités nécessitant de forts investissements[2].

 En résumé

Le régime de l'auto–entrepreneur répond à plusieurs types d'aspirations :
- Créer sa propre activité.
- Tester sa propre capacité à bien gérer son activité.
- S'assurer un revenu complémentaire, un revenu d'appoint.
- Exercer un petit boulot ou une activité saisonnière.
- Tester un projet en grandeur nature.
- Créer son propre emploi.

---

1. Sur cette question, voir au chapitre 4, p. 113.
2. Sur cette question, voir au chapitre 1, p. 29.

• Régulariser une activité d'e-commerce.

• Créer une activité avec des formalités réduites.

Les qualités essentielles dont doivent faire preuve les auto-entrepreneurs sont l'enthousiasme, la volonté et le réalisme. Ils doivent par ailleurs respecter la législation et les normes professionnelles liées à leur activité.

Les avantages du régime résident essentiellement dans la simplicité de son fonctionnement, **sa limite principale** le confinant aux petites structures, à déconseiller pour des activités nécessitant de forts investissements.

4. QUIZ : LE RÉGIME DE L'AUTO-ENTREPRENEUR

Amusez-vous à répondre à ce quiz pour tester vos connaissances ! Une ou plusieurs réponses sont possibles. Reportez-vous aux solutions p. 54 et revoyez le chapitre si vous estimez que le nombre de vos réponses justes est insuffisant...

Questions

1. Depuis quand le régime de l'auto-entrepreneur existe-t-il ?

❏ Depuis le 1er janvier 2005

❏ Depuis le 1er janvier 2007

❏ Depuis le 1er janvier 2009

2. Le régime de l'auto-entrepreneur s'applique-t-il à tous les entrepreneurs ?

❏ Oui

❏ Non

3. Quels sont les avantages que présente le régime de l'auto-entrepreneur ?

❏ Un minimum de formalités de création

❏ La facilité d'organisation (comptabilité très simplifiée)

❏ Le principe : pas d'activité, pas de cotisations sociales

- ❏ La gratuité de la création
- ❏ La possibilité de tester une idée ou un projet
- ❏ Un complément de revenus

4. Combien d'auto-entrepreneurs se sont inscrits au cours des trois premiers mois d'application du nouveau régime de l'auto-entrepreneur (c'est-à-dire au cours du premier trimestre 2009) ?

- ❏ 30 000 auto-entrepreneurs
- ❏ 45 000 auto-entrepreneurs
- ❏ 125 000 auto-entrepreneurs

5. L'auto-entreprise est-elle une micro-entreprise ?

- ❏ Oui
- ❏ Non

6. Qui peut devenir auto-entrepreneur ?

- ❏ Les salariés
- ❏ Les étudiants
- ❏ Les retraités
- ❏ Les fonctionnaires
- ❏ Les demandeurs d'emploi

7. Un auto-entrepreneur peut-il être prestataire de services à la personne ?

- ❏ Oui
- ❏ Non

8. Comment se faire accompagner pour mener à bien son souhait de devenir auto-entrepreneur ?

- ❏ Utiliser plusieurs sites en ligne dédiés au régime spécifique de l'auto-entreprise
- ❏ S'adresser aux Chambres de commerce et d'industrie
- ❏ S'adresser aux Chambres des métiers et de l'artisanat
- ❏ S'adresser à l'URSSAF

Réponses

1. Depuis le 1er janvier 2009.

2. Non. Le régime s'applique aux entrepreneurs individuels dont le chiffre d'affaires ne dépasse pas un certain plafond (80 000 € pour les activités d'achat/revente et 32 000 € pour les activités de prestations de services) et qui optent pour cette catégorie particulière de micro-entreprise.

3. Le régime de l'auto-entreprise présente ces différents avantages. Il vise à favoriser la création d'entreprise en réduisant au minimum les formalités administratives (déclaration d'activité en ligne et obtention d'un numéro SIREN-SIRET dans les jours qui suivent, permettant de commencer immédiatement l'activité). L'auto-entrepreneur bénéficie d'une comptabilité allégée : il doit seulement tenir un livre chronologique des recettes. Par ailleurs, il doit tenir un registre des achats s'il exerce une activité d'achat-revente de produits. Pour les périodes où il n'enregistre aucun chiffre d'affaires, il n'a aucune cotisation sociale à régler. Les formalités de création sont gratuites. Il s'agit d'un régime permettant de tester en grandeur nature un projet d'activité et bien entendu d'assurer un complément de revenu.

4. 125 000 auto-entrepreneurs. C'est le nombre recensé fin mars 2009. On note qu'environ 1 000 personnes s'inscrivent chaque jour pour bénéficier de ce nouveau régime de micro-entreprise.

5. Oui. L'auto-entreprise est une micro-entreprise particulière. Outre les plafonds de chiffre d'affaires qui s'appliquent déjà dans le cas de la micro-entreprise, l'auto-entreprise bénéficie du statut micro-social simplifié et du statut micro-fiscal.

6. Les salariés, les étudiants, les retraités, les fonctionnaires, les demandeurs d'emploi. Tous peuvent devenir auto-entrepreneurs.

7. Oui. Il semble que le secteur des services à la personne (petit bricolage et jardinage auprès des particuliers, cours à domicile de langue, de piano, etc.) devrait intéresser de nombreux auto-entrepreneurs.

8. Dans tous les cas, il est conseillé de consulter les sites spécifiques (portail officiel : www.lautoentrepreneur.fr, ou le site de l'APCE). Si vous envisagez une activité de commerce et de prestations de services, il est conseillé de vous adresser aux Chambres de commerce et d'industrie. Pour les activités liées à l'artisanat, il convient de se tourner vers les Chambres des métiers et de l'artisanat. Pour les professions libérales, l'URSSAF peut vous aider.

POUVEZ-VOUS DEVENIR AUTO-ENTREPRENEUR ?

3

Le régime de l'auto-entrepreneur s'adresse à différentes catégories de personnes :
- aux salariés ;
- aux fonctionnaires ;
- aux demandeurs d'emploi ;
- aux professionnels libéraux ;
- aux artisans ;
- aux retraités ;
- aux entrepreneurs individuels qui avaient choisi le régime de la micro-entreprise ;
- aux étudiants ;
- aux personnes sans statut (femmes au foyer, travailleurs « au noir », etc.).

1. VOUS ÊTES SALARIÉ : POUVEZ-VOUS DEVENIR AUTO-ENTREPRENEUR ?

Le cumul est possible

Vous êtes salarié et souhaitez conserver votre emploi actuel tout en devenant auto-entrepreneur. Le cumul des deux activités est possible comme le précise la loi de modernisation de l'économie (LME) d'août 2008.

Attention, toutefois, à vérifier le contenu de votre contrat de travail : il vous faut être attentif et vous assurer des clauses présentes. Deux clauses en particulier doivent attirer votre attention :
- la clause d'exclusivité ;

– la clause de non-concurrence.

Ces deux clauses ont des conséquences juridiques à connaître.

La clause d'exclusivité

Certains contrats de travail contiennent une clause d'exclusivité. Si vous envisagez de devenir auto-entrepreneur, lisez avec la plus grande attention le contenu de votre contrat de travail, d'autant plus que le terme « exclusivité » n'est pas toujours explicitement mentionné.

En théorie, cette clause interdit au salarié de cumuler son activité salariale avec une autre activité professionnelle. Toutefois, il existe une dérogation.

**ttention !**

Veillez à lire très attentivement votre contrat de travail pour détecter une éventuelle clause d'exclusivité.

Exemple 1 : Clause d'exclusivité insérée dans un contrat de travail mais ne contenant pas le terme « exclusivité »

« M. A devra consacrer à notre société toute son activité professionnelle. Toute dérogation éventuelle à ce principe général et les modalités d'une telle dérogation seront soumises à l'approbation de la direction générale. »

Exemple 2 : Clause d'exclusivité plus explicite

« Mme X devra consacrer toute sa force de travail à la réalisation des objectifs fixés avec la direction. De ce fait, elle s'engage pendant toute la durée de son contrat de travail, à réserver l'exclusivité de son activité professionnelle à notre société. »

• Dérogation applicable dans le cas de création d'une entreprise

La loi du 1er août 2003 pour l'initiative économique accorde au salarié la possibilité de créer son entreprise et de poursuivre son activité salariée pendant une période limitée à un an, et cela même si son contrat de travail contient une clause d'exclusivité. Voici le texte constituant le nouvel article L. 121-9 du code du travail :

3

« Aucune clause d'exclusivité […], ne peut être opposée par son employeur au salarié qui crée ou reprend une entreprise, pendant une durée d'un an à compter soit de son inscription au registre du commerce et des sociétés ou au répertoire des métiers, soit de sa déclaration de début d'activité professionnelle agricole ou indépendante. »

• **Que faire si une clause d'exclusivité est insérée dans votre contrat de travail ?**

Vous avez le droit de devenir auto-entrepreneur sans nécessairement prévenir votre employeur pendant une durée d'un an. Bien entendu, vous devrez consacrer à votre activité de salarié le temps qu'il convient (en conservant notamment des horaires de travail normaux). L'activité d'auto-entrepreneur doit s'exercer en dehors des horaires de travail (soirées, week-ends, congés).

• **Que se passe-t-il au-delà du délai d'un an ?**

À l'issue de la période d'un an, vous devrez faire le point sur votre situation et effectuer un choix. En fonction de ce bilan, plusieurs options s'offrent à vous :

- Le test de votre activité d'auto-entrepreneur n'est pas concluant (activité insuffisante, manque de débouchés) : vous restez salarié et mettez un terme à votre activité d'auto-entrepreneur par simple déclaration de cessation d'activité sur le site **www.lautoentrepreneur.fr** ou dans un Centre de formalités des entreprises.
- Votre activité d'auto-entrepreneur correspond à vos attentes. Vous pouvez alors :
  – choisir de démissionner de votre emploi salarié pour poursuivre votre activité d'auto-entrepreneur ;
  – ou choisir de rester salarié en abandonnant le régime de l'auto-entrepreneur.

• **S'il n'y a pas de clause d'exclusivité**

Vous pouvez cumuler vos deux activités de salarié et d'auto-entrepreneur sans limitation de durée, sans devoir abandonner l'une ou l'autre à l'issue de la première année.

Question/Réponse

Q : Je suis salarié et j'ai lu avec attention mon contrat de travail. Une clause d'exclusivité y est mentionnée. Que puis-je faire ?

R : Vous pouvez – sans avoir besoin d'en avertir votre employeur – vous déclarer auto-entrepreneur et exercer cette activité complémentaire pendant un an en toute légalité. N'oubliez pas que vous avez une obligation de loyauté à l'égard de votre employeur.

La clause de non-concurrence

Il se peut qu'une clause de non-concurrence soit inscrite dans votre contrat de travail. Cette clause peut jouer lorsque le salarié quitte l'entreprise. Elle stipule que l'intéressé ne peut ni être embauché par un concurrent ni créer une activité concurrente. Pour qu'une telle clause soit applicable, elle doit obligatoirement mentionner certains éléments : d'une part, elle doit être limitée dans l'espace et le temps (ainsi, un coiffeur ne peut se voir interdit d'exercer sur toute la France), d'autre part, elle doit impérativement prévoir une compensation financière (une indemnité de plusieurs mois de salaire par exemple).

L'obligation de loyauté envers son employeur

D'une manière générale, quelles que soient les clauses présentes dans le contrat de travail, le salarié a une obligation de loyauté à l'égard de son employeur et ne peut en aucun cas se livrer à une concurrence déloyale qui pourrait nuire à ce dernier. En particulier, il ne doit pas solliciter la clientèle et les fournisseurs de l'entreprise qui l'emploie. S'il souhaite démarcher les clients de celle-ci, il devra obtenir une autorisation préalable de son employeur. Le salarié n'est pas autorisé non plus à offrir des produits ou des services identiques à ceux proposés par l'entreprise dans laquelle il travaille.

En résumé, il vous est interdit de créer une entreprise concurrente (quels que soient le régime choisi et la taille de votre entreprise) à celle qui vous emploie comme salarié ou à celle de votre ancien employeur. En cas de non-respect de ce cadre juridique, la loi prévoit le versement de dommages et intérêts à l'employeur et l'interdiction pour le contrevenant de poursuivre l'exercice de son activité.

 Conseil

Salariés, avant de devenir auto-entrepreneur, lisez avec attention votre contrat de travail !

- Même dans le cas de la présence d'une clause d'exclusivité dans votre contrat de travail, le droit social vous autorise à déroger à cette clause pendant un an si vous créez votre entreprise.
- Votre activité d'auto-entrepreneur ne vous autorise pas à vous livrer à une concurrence déloyale à l'encontre de votre employeur.

Le portage salarial et le régime de l'auto-entrepreneur

Il semble qu'un certain nombre de personnes qui avaient choisi d'être salariées dans le cadre du portage salarial sont attirées par le régime de l'auto-entrepreneur. Il s'agit d'une catégorie particulière de salariés. La plupart des « portés » sont d'anciens salariés ayant connu une période de chômage et qui ont souhaité conserver leur ancien statut de salarié pour bénéficier du régime social du salariat (assurance-maladie, maternité et retraite). Certains salariés portés vont abandonner le système de portage salarial pour devenir auto-entrepreneur. D'autres vont choisir de cumuler leur statut de salarié porté avec le régime de l'auto-entrepreneur (par exemple, pour démarrer une nouvelle activité).

ttention !

Usage détourné du régime de l'auto-entrepreneur

Des employeurs peu scrupuleux voient dans le statut de l'auto-entrepreneur un moyen détourné de payer moins de charges sociales et peuvent inciter leurs salariés à opter pour celui-ci.

En cas de contrôle de l'URSSAF, ces employeurs indélicats devront apporter la preuve qu'ils ne recourent pas à un salariat déguisé sous peine d'être lourdement sanctionnés.

Parole d'auto-entrepreneur

«J'ai choisi de devenir auto-entrepreneur pour exercer ma passion et ma vocation de tarologue (je tire les cartes du tarot de Marseille à mes clients).

Après avoir exercé différents métiers dans le secteur des relations humaines avec le statut de salarié, puis le système du portage salarial, j'ai décidé de devenir auto-entrepreneur à plein-temps.

Ce statut nouveau paraît correspondre à mon activité. Il me permet d'être à mon compte, d'avoir un numéro SIREN, d'avoir à payer des cotisations sociales moins lourdes que dans le portage salarial, de pouvoir facturer mes clients en direct et de participer à des salons spécialisés.

Peu après mon inscription, j'ai reçu par téléphone des offres commerciales émanant d'une mutuelle et d'une société proposant une création de site sur Internet. Je n'ai pas pour le moment donné suite à ces appels.

Quel ne fut pas mon étonnement lorsque j'ai reçu quelques semaines après mon inscription comme auto-entrepreneur un courrier de l'URSSAF me réclamant une cotisation d'environ 350 €. Heureusement, j'ai un ami expert-comptable qui m'a indiqué que cette somme n'était pas à payer et l'URSSAF doit régulariser cette demande par une annulation pure et simple de son appel à cotisation.

Globalement, je pense que le régime de l'auto-entrepreneur est adapté à ma situation.»

Gilles Gréard, tarologue à Avignon

2. VOUS ÊTES FONCTIONNAIRE : POUVEZ-VOUS DEVENIR AUTO-ENTREPRENEUR ?

Les règles encadrant la possibilité pour les fonctionnaires de cumuler une activité lucrative avec leur fonction liée au service de l'État ont été assouplies dès 2007 dans la loi de modernisation de la Fonction publique.

Hervé Novelli, secrétaire d'État en charge du commerce, de l'artisanat et des petites et moyennes entreprises, du tourisme et des services et de la consommation, a annoncé lors du Salon des entrepreneurs qui s'est tenu en février 2009 à Paris qu'un nouvel assouplissement des mesures existantes était à l'étude.

À l'heure actuelle, les fonctionnaires doivent en effet suivre un processus relativement contraignant pour accéder au statut d'auto-entrepreneur.

La nécessité d'avertir sa hiérarchie

Il convient de distinguer deux cas de figure :

- **L'agent public à temps plein ou ayant choisi de travailler à temps partiel** doit soumettre une demande d'autorisation écrite à son administration avant de pouvoir exercer son activité d'auto-entrepreneur. Si la commission de déontologie réunie suite à sa requête émet un avis favorable, l'agent peut alors créer son activité d'auto-entrepreneur pour une durée d'un an renouvelable une fois. Si le fonctionnaire bénéficie de l'autorisation de devenir auto-entrepreneur et travaille à temps plein, il peut demander un temps partiel pour bénéficier de plus de temps pour développer son activité. Ce temps partiel ne peut lui être refusé.
- **L'agent public à temps partiel imposé** doit simplement informer sa hiérarchie de son projet de devenir auto-entrepreneur. Il peut exercer cette activité sans limitation de durée.

Dans les deux cas, si la hiérarchie estime que l'activité d'auto-entrepreneur du fonctionnaire nuit au bon fonctionnement du service dans lequel il est employé ou est incompatible avec ses obligations de service public, elle peut à tout moment s'opposer à la poursuite de cette activité.

Le cumul d'activités limité dans le temps

Le fonctionnaire à temps plein ou à temps partiel choisi devenu auto-entrepreneur dispose d'un an, renouvelable une fois, pour lancer son activité. À l'issue de cette période de double activité, plusieurs options s'offrent à lui :

- abandonner son activité d'auto-entrepreneur ;
- déposer sa démission ;
- demander une mise en disponibilité pour convenance personnelle afin de développer son projet.

Le cumul d'activités sans limitation de durée

Le fonctionnaire à temps partiel non choisi peut mener son activité d'auto-entrepreneur sans limitation de durée, et cela dans tous les domaines.

Pour le **fonctionnaire à temps plein ou à temps partiel choisi** devenu auto-entrepreneur, des exceptions sont faites à la limitation dans le temps du cumul d'activités (deux ans : un an renouvelable une fois). En effet, l'agent public peut, sans limitation de durée, exercer les activités suivantes sous le régime de l'auto-entrepreneur : expertise ou conseil, enseignement, formation, travaux effectués chez des particuliers (services à la personne).

Hervé Novelli, secrétaire d'État en charge du Commerce, de l'Artisanat et des Petites et Moyennes Entreprises, du Tourisme et des Services et de la Consommation, a annoncé dans la publication *L'auto-entrepreneur, bilan d'étape après 6 mois de mise en œuvre que*, fin 2009 : « En plus des activités accessoires déjà autorisées seront ouvertes pour les seuls auto-entrepreneurs les activités commerciales de mise en valeur d'un patrimoine personnel, y compris la restauration et l'hébergement (par exemple, les chambres d'hôtes), tous les services à la personne et la vente de biens fabriqués personnellement par l'agent. »

Les sanctions en cas de non-respect de la réglementation

En cas de non-respect de la réglementation sur les cumuls d'activités, la loi prévoit d'une part des sanctions pécuniaires (reversement par le fonctionnaire mis en cause des sommes indûment perçues dans le cadre de l'activité d'auto-entrepreneur non autorisée) et d'autre part des sanctions disciplinaires ou pénales.

 **Pour aller plus loin...**

... **Sur les fonctionnaires auto-entrepreneurs**
- **Consultez le site :** http://bifp.fonction-publique.gouv.fr/.

3. VOUS ÊTES DEMANDEUR D'EMPLOI : POUVEZ-VOUS DEVENIR AUTO-ENTREPRENEUR ?

Le régime de l'auto-entrepreneur représente une vraie opportunité pour les demandeurs d'emploi qui souhaitent mener une activité en parallèle à leur recherche. Ils peuvent en effet développer des compétences valorisables auprès des employeurs mais aussi gagner un complément de revenu.

Des mesures incitatives

Le législateur s'est montré particulièrement attentif à la situation des demandeurs d'emploi. Il a en conséquence pris des mesures destinées à inciter les demandeurs d'emploi à créer leur entreprise ou une activité d'auto-entrepreneur sans perdre le bénéfice de leurs indemnités chômage.

 Question/Réponse

Q : Je suis demandeur d'emploi indemnisé. Puis-je devenir auto-entrepreneur sans perdre mes droits aux allocations chômage ?

R : Oui. Si votre revenu d'activité ne dépasse pas 70 % de votre ancien salaire, vous ne perdrez pas vos droits à l'indemnisation. Deux dispositifs s'offrent alors à vous :

– le maintien de vos allocations chômage (voir l'exemple ci-dessous) ;

– le système de l'aide à la reprise ou à la création d'entreprise (ARCE) qui consiste en un versement d'une somme sous forme de capital correspondant à la moitié de vos droits restants au jour de la création de l'activité. Cette somme est versée en deux fois (au début de l'activité et six mois plus tard).

– par ailleurs, vous pouvez bénéficier de charges sociales réduites pendant trois ans, grâce au dispositif de l'ACCRE (voir ci-après).

Rappels sur les conditions d'indemnisation des demandeurs d'emploi

Les demandeurs d'emploi se répartissent en deux catégories : ceux qui sont indemnisés par le Pôle emploi (par exemple, après un licenciement) et ceux qui ne le sont pas (les jeunes à la recherche de leur premier emploi par exemple).

Le 2 avril 2009, est entrée en vigueur la nouvelle convention du 19 février 2009 relative à l'indemnisation du chômage. Le dispositif peut sembler complexe mais il importe que les demandeurs d'emploi comprennent parfaitement la méthode de calcul de leurs droits aux allocations chômage.

• **Quelles sont les conditions pour bénéficier d'indemnités d'assurance chômage (ARE, aides au retour à l'emploi)?**

Il faut avoir été salarié affilié à l'assurance chômage au moins 4 mois au cours des 24 mois précédant la rupture du contrat de travail (36 mois pour les demandeurs d'emploi âgés de plus de 50 ans).

• **Quelle est la durée maximale d'indemnisation?**

La durée d'indemnisation est égale à la durée d'affiliation à l'assurance chômage selon la règle «un jour d'affiliation donne droit à un jour d'indemnisation». Une personne ayant cotisé 9 mois peut donc bénéficier de 9 mois d'assurance chômage.

La durée maximale d'indemnisation est de 24 mois (36 mois pour les demandeurs d'emploi de plus de 50 ans).

 **Exemple**

Leslie a travaillé 11 mois dans une entreprise avant de se faire licencier. Il s'agissait de son premier emploi. Le Pôle emploi retient cette durée de 11 mois comme durée d'indemnisation.

• **Comment sont calculées les allocations chômage? Combien allez-vous toucher?**

Pôle emploi (regroupement des ASSEDIC et de l'ANPE) calcule les allocations chômage sur une base journalière. Le montant des indemnités de chômage dépend du salaire antérieur du demandeur d'emploi. Les calculs de l'indemnité journalière de chômage se font sur la base du salaire journalier de référence.

Le salaire journalier de référence (SJR)

Il s'agit du salaire brut du demandeur d'emploi pendant la période précédant la rupture de son contrat de travail divisé par le nombre de jours exacts composant cette période (inclus les dimanches et jours non travaillés). Cette période de référence est plus ou moins longue selon les situations. Elle se calcule sur une durée maximum de 12 mois précédant le dernier jour de travail payé. Les salaires retenus sont les salaires bruts ainsi que les primes et les gratifications (en revanche les rémunérations liées à la rupture du contrat de travail ne sont pas prises en compte : indemnités de licenciement, indemnité compensatrice de préavis, indemnité compensatrice de congés payés).

Mode de calcul de l'indemnité journalière de chômage (ARE)

L'allocation journalière dépend du salaire journalier de référence (SJR). Elle est égale (fin mai 2009) à :

– 40,4 % du salaire journalier de référence ;
– montant auquel on ajoute 10,93 €.

Au total, l'allocation minimale à laquelle un demandeur d'emploi a droit s'élève à 57,4 % de son salaire journalier de référence, et l'allocation maximale à 75 %.

Le montant minimal de l'indemnité journalière s'élève à 26,66 €.

 Exemple

Jérémie a travaillé 12 mois avant d'être licencié pour motif économique. Son salaire brut de référence a atteint 21 900 € sur cette période de 12 mois.

Son salaire journalier de référence (SJR) est de :
21 900 € : 365 jours = 60 €.

Pour un salaire journalier de référence de 60 €, l'indemnité journalière (dite aide au retour à l'emploi, ARE) s'élève à :
40,4 % x 60 € + 10,93 € = 24,24 € + 10,93 € = 35,17 €.

L'allocation ainsi calculée est supérieure à 57,4% du salaire de référence (60 € x 57,4% = 34,44 €).

Ainsi, Jérémie dispose d'un droit aux allocations chômage de 35,17 € par jour pendant 365 jours : s'il ne retrouve pas d'emploi avant, il touchera des indemnités journalières de chômage de 35,17 € pendant un an.

 # Question/Réponse

Q : Que deviennent mes allocations chômage si je deviens auto-entrepreneur ?

R : Un demandeur d'emploi indemnisé touche ses allocations jusqu'au moment où il retrouve un emploi ou crée une entreprise (le régime de l'auto-entrepreneur entre dans le cadre de la création d'entreprise). Cependant, il ne perd pas ses droits à l'indemnisation.

Ainsi, dans l'hypothèse où vous avez droit à 16 mois d'allocations chômage, si vous choisissez de devenir auto-entrepreneur après 10 mois d'indemnisations, vous gardez «en réserve» les 6 mois restants au cas où vous devriez cesser votre activité d'auto-entrepreneur. Ainsi, vous ne perdez pas vos droits à l'indemnisation.

Les principaux dispositifs incitant les demandeurs d'emploi à devenir auto-entrepreneurs

Il existe trois dispositifs d'aide :

- l'ACCRE (aide aux chômeurs créateurs ou repreneurs d'une entreprise), dont l'objet est d'exonérer le chômeur devenant auto-entrepreneur d'une partie de ses cotisations sociales ;
- le maintien des indemnités chômage en cas de reprise ou de création d'une activité ;
- l'ARCE (aide à la reprise ou à la création d'entreprise).

3

- **L'ACCRE (aide aux chômeurs créateurs ou repreneurs d'une entreprise)**

Exonération d'une partie des charges sociales

Avant le 1er mai 2009, le système ACCRE incitait les demandeurs d'emploi à créer leur entreprise en les exonérant d'une partie de leurs cotisations sociales. Depuis le 1er mai 2009, un autre système plus favorable est entré en vigueur.

Nouveau système en vigueur à compter du 1er mai 2009 dans le cadre de la création d'une activité d'auto-entrepreneur

Depuis le 1er mai 2009, les demandeurs d'emploi éligibles à l'ACCRE qui deviennent auto-entrepreneurs peuvent bénéficier d'un nouveau dispositif de charges sociales allégé.

Par exemple, Joël, demandeur d'emploi, décide de créer une activité de vente de produits de décoration. Le taux de ses cotisations sociales correspondra :

- **la première année d'activité :** au quart du taux de cotisations sociales généralement appliqué pour son activité (soit, dans notre exemple, 3 % sur le chiffre d'affaires réalisé au lieu de 12 %[1]) ;
- **la deuxième année d'activité :** à la moitié du taux de charge habituel (soit 6 % au lieu de 12 %) ;
- **la troisième année :** aux trois-quarts du taux de charge généralement appliqué (soit 9 % au lieu de 12 %) ;
- **la quatrième année :** au taux de charge habituel (soit 12 %).

Qui peut bénéficier du dispositif ACCRE ?

Peuvent bénéficier de l'ACCRE :

- les demandeurs d'emploi indemnisés bénéficiaires de l'allocation d'aide au retour à l'emploi (ARE) ;
- les demandeurs d'emploi non indemnisés, inscrits depuis 6 mois sur la liste des demandeurs d'emploi au cours des 18 derniers mois ;
- les bénéficiaires du revenu de solidarité active (RSA).

---

1. Pour plus de précisions sur les cotisations sociales de l'auto-entrepreneur bénéficiaire de l'ACCRE, voir au chapitre 6 p. 149.

Ces différentes catégories de personnes peuvent bénéficier du dispositif de charges sociales allégé dans le cadre du système ACCRE, s'ils deviennent auto-entrepreneurs

Quelles sont les démarches à entreprendre pour bénéficier du système ACCRE ?

Vous devez faire une demande d'ACCRE auprès de la direction départementale du travail, de l'emploi et de la formation professionnelle (DDTE-FP). Pour avoir les coordonnées de la direction départementale qui vous concerne, consultez le site du ministère du Travail, des Relations sociales, de la Famille, de la Solidarité et de la Ville : **www.travail-solidarite.gouv.fr**. Le formulaire spécifique de demande de l'aide à la création et à la reprise d'une entreprise (ACCRE) est téléchargeable sur le site du ministère de l'Économie, de l'Industrie et de l'Emploi : **www.pme.gouv.fr**

• Précisez que vous êtes demandeur d'emploi éligible à l'ACCRE lorsque vous remplissez la déclaration d'activité d'auto-entrepreneur.

Remarque : le dispositif décrit ci-dessus ne s'applique qu'à partir du 1er mai 2009 et n'est pas rétroactif.

Si vous êtes un ancien demandeur d'emploi, devenu auto-entrepreneur avant cette date : vous n'êtes pas éligible au nouveau système allégé de charges sociales. L'ancien système s'applique et vous garantit également une exonération partielle de cotisations sociales.

 **Pour aller plus loin...**

... Sur les indemnisations chômage et les aides pour les demandeurs d'emploi

Contactez :

• **Le Pôle emploi :**
Téléphone : 39 49
Site : www.pole-emploi.fr

> • **Le ministère du Travail, des Relations sociales, de la Famille, de la Solidarité et de la Ville :**
> Travail Info Service : 0821 347 347
> Site : www.travail-solidarite.gouv.fr

3

• Maintien partiel des indemnités chômage en cas de reprise d'une activité

Dans le cas spécifique de l'inscription en tant qu'auto-entrepreneur, la circulaire du 6 mai 2009 émise en application de la nouvelle convention d'assurance chômage (signée entre les partenaires sociaux le 19 février 2009) donne des précisions sur les mesures financières d'aide au reclassement des demandeurs d'emploi.

Pour ne pas décourager les demandeurs d'emploi qui envisagent de se lancer dans une activité d'auto-entrepreneur, le principe suivant a été adopté : si les revenus professionnels issus de l'activité d'auto-entrepreneur représentent un montant inférieur de 70 % du dernier salaire du demandeur d'emploi, les allocations chômage sont calculées de telle sorte que le total des revenus professionnels et des allocations chômage corresponde au montant de ses droits. Vous ne serez donc en aucun cas pénalisé, car ce dispositif vous permet de conserver une partie de vos indemnités.

Sur quel revenu professionnel se fonder dans la mesure où l'auto-entrepreneur déclare son activité sous forme de chiffre d'affaires ? Les partenaires sociaux ont décidé que le revenu d'activité correspondrait au chiffre d'affaires déclaré après déduction d'un pourcentage forfaitaire (estimation de frais professionnels). Cet abattement est de 71 % pour une activité commerciale, de 50 % pour une activité de services relevant des bénéfices industriels et commerciaux (BIC) et de 34 % pour une activité libérale relevant des bénéfices non commerciaux (BNC). Ce sont les mêmes abattements que dans le régime fiscal de la micro-entreprise[1].

C'est sur la base du revenu professionnel net de frais professionnels qu'est calculé le nombre de jours qui ne seront pas indemnisés par Pôle emploi.

---

1. Voir au chapitre 7, p. 165.

Exemple

Les indemnités d'un chômeur devenu auto-entrepreneur

Jean-Pierre s'est déclaré auto-entrepreneur pour une activité commerciale (vente de produits de bien-être). Son salaire journalier de référence (SJR) s'élève à 60 €.

Il a déclaré les chiffres d'affaires (CA) suivants :
- janvier : 2 000 € ;
- février : 1 000 € ;
- mars : 0 €.

Le revenu professionnel net de frais correspondant est calculé après un abattement de 71 % : CA − abattement = CA − 71 % x CA.

Le nombre de jours non indemnisés sera égal à :

$$\frac{\text{Revenu professionnel net du mois}}{\text{SJR}}$$

Calcul du nombre de jours indemnisés pour janvier

Revenu professionnel après abattement :

$$2\,000\,€ − (71\,\% \times 2\,000\,€) = 2\,000\,€ − 1\,420\,€ = 580\,€$$

Nombre de jours non indemnisables :

$$580\,€ : 60\,€ = 9,7 \text{ jours}$$

On retient 9 jours qui ne seront pas indemnisés, ce qui signifie que les allocations chômage porteront sur :

31 jours (nombre de jours de janvier) − 9 jours = 22 jours indemnisés.

Calcul du nombre de jours indemnisés pour février

Revenu professionnel après abattement :

$$1\,000\,€ − (71\,\% \ 1\,000\,€) = 1\,000\,€ − 710\,€ = 290\,€$$

Nombre de jours non indemnisables :

$$290\,€ : 60\,€ = 4,8 \text{ jours}$$

On retient 4 jours qui ne seront pas indemnisés, ce qui signifie que les allocations chômage porteront sur :

28 jours (nombre de jours de février) − 4 jours = 24 jours indemnisés

Calcul du nombre de jours indemnisés pour mars

0 jour non indemnisé. Jean-Pierre bénéficiera de 31 jours indemnisés.

Au total, durant ce trimestre, Jean-Pierre aura utilisé :

22 jours + 24 jours + 31 jours = 77 jours d'indemnisation

> Dans l'hypothèse où Jean-Pierre disposait d'une « réserve » de 150 jours d'allocations avant de démarrer son activité d'auto-entrepreneur, il lui reste donc : 150 − 77 = 73 jours d'allocations chômage à toucher.
>
> *D'après l'exemple*
> *cité dans la circulaire n° 2009-12 du 6 mai 2009*, www.unedic2.fr.

3

• L'ARCE (aide à la reprise ou à la création d'entreprise)

Nature de l'aide

Il s'agit d'une aide financière visant à faciliter le démarrage de l'activité de l'auto-entrepreneur.

Le montant de l'aide correspond à la moitié des indemnités chômage restantes au jour de la création de l'activité. Le versement de l'ARCE se fait en deux fois : au démarrage de l'activité et six mois après celui-ci (si l'auto-entrepreneur exerce toujours son activité).

Les conditions d'obtention de l'ARCE

Pour pouvoir bénéficier de l'ARCE, il faut :
- avoir obtenu l'ACCRE (aide aux chômeurs créateurs ou repreneurs d'une entreprise) ;
- ne pas bénéficier du système décrit précédemment de maintien des allocations chômage en cas de reprise d'activité. Ces deux aides (maintien partiel des allocations chômage et ARCE) ne sont pas cumulables

En cas d'arrêt de l'activité d'auto-entrepreneur

Sous réserve de sa réinscription comme demandeur d'emploi, l'auto-entrepreneur peut éventuellement bénéficier du reliquat de ses droits d'indemnités chômage.

 **À noter**

Le maintien des allocations après la déclaration d'activité d'auto-entrepreneur

Vous pouvez continuer à recevoir partiellement vos allocations en fonction de vos revenus d'auto-entrepreneur : dans la mesure où ces revenus restent « modestes » et ne dépassent pas 70 % de votre salaire antérieur.

L'aide à la reprise et à la création d'entreprise (ARCE)
Vous pouvez commencer votre activité avec une aide financière selon un système spécifique : le versement d'un capital représentant la moitié des indemnités chômage qui vous sont dues dans le temps (nombre de jours potentiels d'indemnisation).

Ces deux aides ne peuvent se cumuler
Le maintien des indemnités chômage en cas de reprise d'activité et l'aide relative à la reprise ou la création d'une entreprise (ARCE) ne sont pas cumulables.

4. VOUS EXERCEZ UNE PROFESSION LIBÉRALE : POUVEZ-VOUS DEVENIR AUTO-ENTREPRENEUR ?

Tous les professionnels libéraux ne sont pas éligibles au régime de l'auto-entrepreneur. Seuls peuvent y prétendre ceux dont l'activité se rattache à l'une des deux caisses de retraite suivantes :
- **RSI (Régime social des indépendants)**, par exemple : un exploitant d'auto-école, un magnétiseur, une cartomancienne, un sophrologue, un réflexologue, etc.[1]
- **CIPAV (Caisse interprofessionnelle de prévoyance et d'assurance vieillesse)**, par exemple : un consultant, un architecte, un conférencier, un expert, un photographe, un dessinateur, etc.[2].

Le régime de l'auto-entrepreneur ne s'applique pas aux professionnels libéraux relevant de caisses de retraite autres que le RSI ou la CIPAV.

 **Zoom sur...**

... Une loi et un décret d'application très attendus : la loi de relance du 29 janvier 2009 et le décret d'application du 17 février 2009
Nombreux étaient les candidats au régime de l'auto-entrepreneur qui attendaient la mise en application de la loi de modernisation instituant le régime de l'auto-entrepreneur pour les activités libérales relevant de la

---

1. Voir la liste de ces professions au chapitre 5, p. 124.
2. Voir la liste de ces professions au chapitre 5, p. 125.

3

CIPAV (expert, conseil en marketing, consultant, architecte d'intérieur, nutritionniste, coach, dessinateur, modéliste, etc.).

Depuis le 17 février 2009, c'est chose faite : le régime de l'auto-entrepreneur s'applique aux professionnels adhérents à la CIPAV.

Attention ! Pour les professionnels libéraux relevant de la CIPAV, la faculté de devenir auto-entrepreneur est ouverte uniquement à ceux ayant créé leur activité à compter du 1er janvier 2009. Ceux qui ont débuté leur activité avant cette date ne peuvent actuellement pas opter pour le régime micro-social ou le versement fiscal libératoire. La possibilité pour les professionnels libéraux relevant de la CIPAV de devenir auto-entrepreneur en 2010 reste subordonnée à la signature d'une convention entre la CIPAV et l'ACOSS (Agence centrale des organismes de Sécurité sociale). Cette question est encore en suspens.

Ce problème ne se pose pas pour les professionnels libéraux dépendant du RSI soumis antérieurement au régime fiscal de la micro-entreprise. Ces derniers peuvent sans problème devenir auto-entrepreneurs.

Remarque : Les taux forfaitaires de cotisations sociales sont différents :
- pour les professions libérales rattachées au RSI : 21,3 % ;
- pour les professions libérales dépendant de la CIPAV : 18,3 %.

 Question/Réponse

Q : J'exerçais une profession libérale avant le 1er janvier 2009. Puis-je devenir auto-entrepreneur ?

R : La réponse doit être nuancée car le régime des auto-entrepreneurs ne s'adresse qu'aux professionnels libéraux affiliés au RSI ou à la CIPAV.

Oui, les professionnels libéraux dépendant du RSI soumis antérieurement au régime fiscal de la micro-entreprise peuvent demander à bénéficier du régime de l'auto-entrepreneur.

Non, le régime ne peut pas s'appliquer aux professionnels libéraux adhérents de la CIPAV avant le 1er janvier 2009. Seuls ceux qui ont commencé leur activité en 2009 peuvent bénéficier du régime de l'auto-entrepreneur.

5. VOUS EXERCEZ UNE ACTIVITÉ ARTISANALE : POUVEZ-VOUS DEVENIR AUTO-ENTREPRENEUR ?

Les Chambres des métiers et de l'artisanat ne voient pas d'un bon œil les futurs auto-entrepreneurs exerçant une activité artisanale. Elles estiment qu'ils représentent une concurrence déloyale pour leurs adhérents artisans qui eux paient la TVA et ont des charges de cotisations sociales plus élevées.

Toutefois, la loi prévoit que les auto-entrepreneurs démarrant une activité artisanale doivent avoir le même niveau de qualification que les artisans inscrits au répertoire des métiers.

En principe, le terme d'artisan ne s'applique qu'aux professionnels immatriculés au répertoire des métiers des Chambres des métiers et de l'artisanat. Pour un artisan, l'inscription à une Chambre des métiers et de l'artisanat est accompagnée d'une formation obligatoire à la gestion (stage de préparation à l'installation des artisans d'une durée de 4 jours) entièrement prise en charge par l'artisan. L'auto-entrepreneur n'avait pas lui cette obligation.

Une importante modification : Toutefois, pour tenir compte des remarques du groupe de travail sur le régime de l'auto-entrepreneur et de l'artisanat mis en place en avril 2009, le secrétaire d'État chargé du Commerce, de l'artisanat, des petites et moyennes entreprises, du tourisme et des services a annoncé en juin 2009 un changement important pour les auto-entrepreneurs souhaitant exercer une activité artisanale : il est prévu de rendre **obligatoire leur inscription au répertoire des métiers.**

Rappel : Jusqu'à présent, l'auto-entrepreneur pouvait choisir de s'immatriculer au répertoire des métiers notamment pour bénéficier du droit au régime des baux commerciaux incluant les modalités de renouvellement du bail qui y sont attachées. Cette inscription n'avait aucun caractère obligatoire.

 Question/Réponse

Q : J'étais artisan avant le 1er janvier 2009. Puis-je devenir auto-entrepreneur ?

R : Oui, vous pouvez devenir auto-entrepreneur si vous aviez choisi le régime fiscal de la micro-entreprise (micro-BIC). Si vous optez pour le régime de l'auto-entrepreneur avant le 31 décembre 2009 pour une application en 2010, celui-ci vous sera applicable.

6. VOUS ÊTES RETRAITÉ : POUVEZ-VOUS DEVENIR AUTO-ENTREPRENEUR ?

La libéralisation du cumul emploi retraite à compter du 1er janvier 2009

De nouvelles règles simplifiées et harmonisées ont été instaurées par la loi de financement de la Sécurité sociale de 2009. L'objectif poursuivi était de favoriser l'emploi des seniors en précisant à quelles conditions ils pourraient bénéficier du cumul intégral.

La possibilité de cumuler la totalité de la pension de retraite et le revenu d'activité de l'auto-entreprise s'applique à tous les régimes de pension (régime général de la Sécurité sociale, régime des professions artisanales, commerciales, régime des professions libérales), à l'exclusion cependant du régime des exploitants agricoles.

Les conditions préalables pour bénéficier du cumul intégral

Pour pouvoir profiter du cumul intégral, vous devez remplir les deux conditions suivantes :

Condition de liquidation de pensions : vous devez avoir liquidé toutes vos retraites des régimes de base et complémentaires.

Condition d'âge et de durée d'assurance : vous devez soit être âgé de plus de 60 ans et avoir obtenu votre retraite à « taux plein » (vous avez pour ce faire à justifier d'une durée d'assurance suffisante pour bénéficier d'une pension de retraite à taux plein dans le régime général), soit être âgé de plus de 65 ans.

Si vous remplissez ces deux conditions, vous conserverez l'intégralité de votre pension.

Si vous ne remplissez pas ces deux conditions, interrogez votre dernière caisse de retraite.

En effet, les règles de cumul activité retraite varient en fonction des caisses de retraite.

Voici, par exemple, les règles suivies par les organismes de retraite complémentaire des salariés ARRCO-AGIRC : pour la reprise d'une activité non salariée, le cumul est possible sans conséquence. La poursuite ou la reprise d'une activité non salariée (dont l'auto-entreprise) est sans incidence sur le versement de la retraite complémentaire.

7. VOUS ÊTES ÉTUDIANT : POUVEZ-VOUS DEVENIR AUTO-ENTREPRENEUR ?

Le régime de l'auto-entrepreneur semble intéressant pour les étudiants qui souhaitent gagner de l'argent afin de financer leurs études, bénéficier d'une première expérience professionnelle, et qui sont désireux de s'investir dans une création d'activité.

Les revenus professionnels obtenus dans leur activité d'auto-entrepreneur s'intégreront aux revenus des parents s'ils sont rattachés au foyer fiscal de ceux-ci. Comme tout auto-entrepreneur, l'étudiant se verra appliquer le régime micro-social simplifié (cf. chapitre 6), et son régime fiscal dépendra du niveau de ressources du foyer fiscal (cf. chapitre 7).

Un étudiant boursier peut parfaitement être auto-entrepreneur.

 Parole d'un futur auto-entrepreneur

«J'ai appris par les médias l'existence du nouveau régime de l'auto-entrepreneur. Je suis venu au Salon des entrepreneurs début février 2009 à Paris pour en savoir plus.

J'ai l'intention d'effectuer des prestations de services auprès d'entreprises françaises pour favoriser leurs exportations. Moi-même, j'ai des relations en Chine et au Japon et je prépare un déplacement d'ici quelques semaines.

Il me semble que le régime de l'auto-entreprise correspond vraiment à mes attentes. En effet, je vais pouvoir tester mon projet de création d'entreprise que j'ai déjà beaucoup travaillé. J'ai effectué des prévisions et je dispose d'un *business plan*.

Je vais pouvoir payer une partie de mes études avec les revenus de ma nouvelle activité et, surtout, je pourrai porter sur mon CV cette expérience d'auto-entrepreneur, qui devrait être un énorme «plus».»

Julien, étudiant en école de commerce.

8. VOUS ÊTES DÉJÀ MICRO-ENTREPRENEUR : POUVEZ-VOUS DEVENIR AUTO-ENTREPRENEUR ?

Les entrepreneurs individuels qui relèvent du régime fiscal de la micro-entreprise ont la possibilité de transformer leur micro-entreprise en auto-entreprise. Une mesure dérogatoire a permis à certains micro-entrepreneurs de devenir auto-entrepreneurs en 2009 en s'inscrivant avant le 15 avril 2009 (mesure exceptionnelle) : 17 000 micro-entrepreneurs ont bénéficié de cette disposition. Ceux qui n'ont pas utilisé cette mesure exceptionnelle et souhaitent devenir auto-entrepreneurs doivent faire leur demande avant le 31 décembre 2009 (pour l'année 2010).

 Question/Réponse

Q : J'étais gérant majoritaire de SARL avant le 1ᵉʳ janvier 2009. Puis-je transformer ma société en auto-entreprise ?

R : Non, de même que si vous aviez été gérant d'une EURL : le dispositif de l'auto-entrepreneur concerne uniquement les entreprises individuelles qui relèvent du régime fiscal de la micro-entreprise.

9. LES « EXCLUS » DU NOUVEAU RÉGIME DE L'AUTO-ENTREPRENEUR

Plusieurs catégories de personnes regrettent de ne pouvoir bénéficier du dispositif ou de devoir encore attendre de nouvelles mesures pour qu'il puisse s'appliquer à leur cas :

- Les micro-entrepreneurs n'ayant pas eu connaissance de la nouvelle législation relative au régime de l'auto-entrepreneur et de l'obligation de se déclarer avant le 15 avril 2009 pour devenir auto-entrepreneur en 2009 (mesure exceptionnelle) déplorent de devoir attendre 2010 pour bénéficier du nouveau régime.

- Les professionnels libéraux affiliés à la CIPAV avant le 1er janvier 2009 n'ont pas droit au statut pour le moment. Un « *Collectif des professions libérales exclues du régime auto-entrepreneur* » s'est constitué début mars 2009 pour dénoncer cette situation. Tout dépendra de la signature éventuelle d'une convention entre la CIPAV et l'ACOSS, ainsi qu'il l'a été mentionné p.73.

- Les demandeurs d'emploi devenus auto-entrepreneurs entre le 1er janvier 2009 et le 2 avril 2009 ne peuvent bénéficier des dispositions spécifiques en leur faveur qui ont été instaurées à compter du 1er mai 2009.

10. QUIZ : QUI PEUT DEVENIR AUTO-ENTREPRENEUR ?

Questions

1. Peut-on être à la fois retraité et auto-entrepreneur ?

❏ Oui

❏ Non

2. Philippe est salarié. Peut-il se mettre à son compte en choisissant le régime de l'auto-entrepreneur ?

❏ Oui

❏ Non

3. Un étudiant peut-il devenir auto-entrepreneur ?

❏ Oui

❏ Non

4. Un demandeur d'emploi peut-il devenir auto-entrepreneur ?

❏ Oui

❏ Non

5. Un demandeur d'emploi indemnisé peut-il conserver ses allocations chômage s'il devient auto-entrepreneur ?

❏ Oui

❏ Non

3

6. **Aline est fonctionnaire. Peut-elle accéder au régime de l'auto-entrepreneur ?**

❏ Oui

❏ Non

7. **Un artisan déjà en activité peut-il devenir auto-entrepreneur ?**

❏ Oui

❏ Non

8. **Un professionnel souhaitant créer une activité libérale (consultant, radiesthésiste, interprète, etc.) peut-il devenir auto-entrepreneur ?**

❏ Oui

❏ Non

Réponses

1. Oui. Le retraité doit avoir plus de 65 ans, ou bien avoir plus de 60 ans et obtenu sa retraite à « taux plein » pour pouvoir conserver l'intégralité de sa pension. Dans les autres cas, le cumul est possible si le montant total des différentes retraites et des revenus de l'activité de l'auto-entreprise ne dépasse pas le dernier revenu d'activité du retraité au moment de sa retraite ou 160 % du SMIC. Si le montant est supérieur, alors le retraité verra sa pension diminuée ou provisoirement annulée.

2. Oui. Le salarié doit vérifier son contrat de travail. S'il renferme une clause d'exclusivité, il peut exercer son activité d'auto-entrepreneur pendant un an seulement.

3. Oui. Le régime de l'auto-entrepreneur semble intéressant pour les étudiants qui souhaitent gagner de l'argent pour financer leurs études, bénéficier d'une première expérience professionnelle et sont désireux de s'investir dans une création d'activité.

4. Oui. Le demandeur d'emploi peut en outre bénéficier d'un système de cotisations sociales allégées pendant 3 ans.

5. Oui. Il existe un dispositif lui permettant de maintenir une partie de ses allocations chômage tout en ayant une activité d'auto-entrepreneur. Un autre dispositif, appelé ARCE (aide à la reprise ou à la création d'entreprise), non cumulable avec ce dernier, lui permet de bénéficier du versement d'un capital au moment de son démarrage d'activité, capital calculé sur les droits à l'indemnisation chômage.

6. Oui. Il lui faudra, selon les cas :

- demander l'autorisation à sa hiérarchie qui demandera son avis à une commission de déontologie, si elle est employée à temps complet ou à temps partiel choisi ;
- ou bien se contenter d'avertir son administration sous forme de déclaration préalable, si elle est employée à temps partiel non choisi.

7. Oui. Mais un artisan n'a accès au nouveau régime que s'il opte pour le régime fiscal de la micro-entreprise.

8. Oui. Mais seuls les professionnels libéraux dont les caisses de retraite respectives sont le RSI (Régime social des indépendants) ou la CIPAV (Caisse interprofessionnelle de prévoyance et d'assurance vieillesse) peuvent s'installer comme auto-entrepreneurs. Les autres n'ont pas accès au dispositif.

VOUS PROJETEZ DE DEVENIR AUTO-ENTREPRENEUR : QUELLE VOIE SUIVRE ?

4

1. BIEN PRÉPARER VOTRE FUTURE ACTIVITÉ

Les futurs créateurs d'entreprises disposent actuellement d'un environnement très ouvert à leur démarche. De nombreux organismes ou structures existent où les créateurs trouvent des conseils judicieux relatifs à leur projet (droit, finance, marketing). La phase de recherche d'informations et de conseils ne doit pas être négligée. Au contraire, votre démarche aura toutes les chances d'aboutir si votre projet a été bien préparé. Aussi, il est recommandé de prendre le temps nécessaire pour tenter d'envisager tous les problèmes qui pourront se produire au démarrage et lors de l'activité proprement dite. Il est sûr que tout ne peut être programmé et que de nombreux imprévus se présenteront. Mais il vaut mieux malgré tout avoir « débroussaillé » au maximum les questions qui pourraient se poser pour accroître les chances de réussite.

Les différentes étapes de la création d'activité

La réussite d'une création d'activité est liée à la motivation du créateur et à sa minutie dans la préparation du projet. Il convient d'établir des bases sérieuses pour réussir.

Plusieurs étapes sont nécessaires pour passer progressivement de l'idée au projet, puis du projet à la création de votre entreprise.

- **Préparez votre projet dans ses grandes lignes :**
  - idée de création correspondant à vos compétences ou à vos goûts ;
  - conseils auprès de professionnels.

- **Définissez avec soin les différents aspects du projet d'activité :**
  - réalisation d'une étude de marché sur les produits ou services à commercialiser ;
  - préparation des comptes prévisionnels sur plusieurs mois et si possible sur un an voire plus (comptes de résultat) ;
  - établissement d'un *business plan* ;
  - prévision du financement ;
  - préparation du montage juridique (auto-entreprise, entreprise individuelle, société).

- **Démarrez votre activité :**
  - recherche de clients, de fournisseurs, de partenaires, de locaux, mise en place de la publicité, maîtrise des logiciels ;
  - déclaration de vos ventes ou de votre chiffre d'affaires et paiement simultané de vos cotisations sociales et fiscales.

Votre idée d'activité

- **Le choix de votre future activité**

Puisque vous désirez créer une entreprise, vous avez sans doute une première idée en tête. Vous souhaitez par exemple créer un commerce de détail ou un commerce ambulant (sur les marchés par exemple) ou bien vous connaissez assez bien l'informatique et souhaitez développer une activité de prestations de services (développer des sites Internet par exemple), etc. Vous vous sentez attiré vers un certain type d'activité soit par goût, soit en raison de votre formation et de vos compétences professionnelles.

Si vous recherchez des idées d'activité, consultez des sites comme celui de l'APCE qui vous donne « 1 001 idées pour entreprendre » ou examinez dans le détail les listes d'activités qui sont citées dans les paragraphes suivants.

Créer une activité n'est pas une chose facile et celui ou celle qui l'a décidé doit savoir qu'il faut s'armer de patience pour mettre sur pied un projet qui tienne la route.

4

La création d'une activité demande un certain temps :

- temps de la réflexion pour choisir une idée d'activité, de produit ou de service ; cette idée correspond à votre compétence ou à vos centres d'intérêt ;
- temps de l'information et de la recherche de documentation sur l'activité ou le produit ; existe-t-il une réglementation spécifique dans le secteur concerné ?
- temps consacré à la recherche de conseils et d'aides auprès d'organismes spécialisés (APCE, Chambres de commerce et d'industrie, etc.) ;
- temps consacré à la réalisation d'une étude de marché sur le produit ou le service que vous entendez développer ;
- temps nécessaire pour l'établissement des prévisions financières (chiffre d'affaires, résultats) ;
- temps consacré à la recherche de fournisseurs valables ;
- temps requis pour persuader son entourage (parents, amis, connaissances) d'apporter des fonds pour la nouvelle entreprise ;
- temps consacré à la recherche d'un éventuel local.

- **Les questions à vous poser pour bien préparer votre activité future**

En fait, pour transformer votre idée initiale en projet concret, constructif et bien « ficelé », il faut vous poser les bonnes questions.

- Quel est l'objet exact de mon activité : le service, la commercialisation d'un produit, la fabrication de produits ?
- Quelle est la clientèle visée (particuliers, entreprises, administrations) ?
- Où rechercher les informations concernant le secteur choisi (Internet, documentation, organismes spécialisés, sources d'informations, etc.) ?
- Quelle documentation existe sur le secteur (banques, Chambres de commerce et d'industrie, fiches de l'APCE, etc.) ?
- De quels moyens vais-je avoir besoin (local, ressources, etc.) ?

- Puis-je chiffrer les charges et les recettes attendues ? Quelle marge sera dégagée ?
- De quel fond (les miens propres et ceux provenant de mon entourage) vais-je disposer pour ma nouvelle activité ?

 **En bref**

Le ticket gagnant du créateur

Au moment de vous lancer, il vous faut :
- avoir un projet sérieux ;
- travailler sur ce projet avec réalisme afin de parvenir à un dossier de création solide qui retrace les perspectives à court terme sur le plan de l'activité et du financement ;
- ne pas hésiter à vous faire accompagner par des organismes spécialisés dans la création.

Votre étude de marché

• Pourquoi une étude de marché ?

Même si vous n'êtes pas spécialiste en marketing, il est nécessaire de valider votre idée d'activité en entreprenant vous-même ce qu'on appelle une étude de marché.

L'étude de marché consiste à recueillir par l'observation, par la recherche ou par des questions posées à des professionnels un maximum d'informations relatives aux produits ou aux services que vous souhaitez vendre.

Cette étude est une étape nécessaire pour tout projet de création d'activité. Elle permet de valider le choix du créateur et la faisabilité de son projet d'activité en tentant d'apporter une réponse à la question : « Est-il vraiment réaliste d'aller sur ce marché ? ».

Il s'agit de répondre aux questions suivantes :

• Quels produits (ou services) vendre ?

- Existe-t-il un marché pour votre produit ou votre service ? Ces derniers correspondent-ils à une demande réelle de futurs clients (particuliers ou entreprises) ?

- Quelle qualité, quelle présentation devrez-vous proposer ?
- À quel prix devrez-vous vendre vos produits ?
- **Comment est organisé le marché ?**
- L'activité envisagée est-elle réglementée ? Y a-t-il des normes ou des contraintes à respecter ?
- Quelles sont les entreprises concurrentes actuellement en activité ? Que proposent-elles exactement ? À quel niveau de prix ?
- Comment allez-vous vous démarquer de la concurrence si celle-ci semble forte ?
- **À qui vendre ?**
- Quelle est la clientèle visée ? Particuliers ou entreprises ?
- Comment se présente la clientèle (caractéristiques, attentes, etc.) ?
- **Comment vendre ?**
- Comment se faire connaître ? Quelles seront les méthodes de communication à pratiquer ?
- Comment trouver les premiers clients ? Où s'adresser ? Parmi vos amis et relations, avez-vous des clients potentiels ? N'hésitez pas à les contacter et à parler de votre projet pour avoir leur avis sur la question.
- **Où implanter votre activité ?**
- Faut-il un local spécifique ? Où doit-il se situer ? Recevrez-vous la clientèle ?
- Pouvez-vous entreprendre une activité chez vous ?
- **Quels moyens financiers seront nécessaires ?**

- **Comment réaliser une étude de marché ?**

Il convient, pour réaliser l'étude de marché, de progresser en plusieurs phases.

- **Rechercher l'information**

Cette phase de documentation est déterminante. Il s'agit :

- d'effectuer de multiples recherches en n'hésitant pas à vous déplacer partout où cela sera possible ;

– de contacter tous les spécialistes de la création d'entreprise qui pourront vous orienter et vous faire gagner du temps : vos relations, votre entourage, vos amis, les professionnels du secteur (clients, fournisseurs), etc.

• **Approfondir sa connaissance du secteur**

Faites la synthèse des renseignements collectés : croissance du marché, évolution des chiffres d'affaires des concurrents, rentabilité du secteur, etc.

Si le marché stagne et que de nombreuses sociétés du secteur ferment, il est sans doute plus réaliste de chercher un autre produit ou service. Si le marché est en développement, il faut se poser la question des marges bénéficiaires : sont-elles suffisantes ?

• **Examiner la concurrence**

Évaluez les avantages (les « plus ») de votre produit ou service par rapport à l'offre de vos concurrents. Ces derniers sont-ils nombreux ?

Votre produit ou votre service présente-t-il une originalité ?

Quels seront vos arguments de vente ?

 **En bref**

L'étude de marché

L'étude de marché consiste à recueillir un maximum d'informations relatives aux produits ou aux services que vous souhaitez vendre. Il vous faut répondre aux questions suivantes :

• Quels produits (ou services) vendre ?
• Comment est organisé le marché ? la concurrence ?
• À qui vendre ?
• Comment vendre ?
• Quels moyens financiers seront nécessaires ?

• **Quel enseignement tirer de l'étude de marché ?**

À l'issue de l'étude de marché préalable au démarrage de votre activité, il faut adopter une attitude réaliste. Si vous vous apercevez que le marché n'existe pas ou qu'il semble saturé, il ne faut pas insister. Les projets de création d'activité ne voient pas toujours le jour. Environ deux projets sur trois n'aboutissent pas.

 Exemple

Une idée

Vous avez l'idée de créer une activité de vente de petits jouets en peluche car vous avez des compétences en matière de fabrication de tels jouets. Toutefois, vous n'avez jamais travaillé dans ce type d'activité.

Travail à effectuer

Vous réalisez une étude de marché auprès de différentes entreprises de commercialisation de jouets en peluche (petites et grandes) et auprès de professionnels du jouet en peluche. Vous vous renseignez sur les différents produits offerts et sur les clients (particuliers, magasins de jouets, etc.).

Décision à prendre

Ce marché va-t-il se développer ? Si vous répondez par l'affirmative, vous pouvez poursuivre votre projet. Dans le cas contraire, il faut abandonner et choisir un autre créneau.

Votre projet détaillé

Votre projet d'entreprise doit s'articuler autour de plusieurs pôles :
- le produit ou le service offert ;
- votre expérience, votre formation ;
- la clientèle ;
- les fournisseurs ;
- la réglementation ;
- le financement.

Il est possible à l'issue de la recherche de l'information tous azimuts de dresser un premier tableau de synthèse précisant les grandes lignes de votre projet.

Faites le point sur votre projet d'activité Remplissez le tableau pour faire la synthèse de votre projet.	
Questions	**Observations et points à creuser**
Dans quel secteur d'activité cherchez-vous à vous insérer?	
Quels sont les produits ou services proposés?	
Quel est l'état du marché (en croissance, stable, en déclin)?	
Quelle est la concurrence?	
Quel est votre «plus» par rapport à la concurrence?	
Quelle sera votre clientèle (particuliers, entreprises)? S'il s'agit de particuliers, s'agit-il d'un produit ou d'un service s'adressant aux familles, aux hommes, aux femmes, aux enfants, aux personnes âgées?	
Le secteur d'activité est-il réglementé?	
Les clients paieront-ils comptant ou de manière différée?	
Quels seront les fournisseurs?	
Y aura-t-il des risques d'impayés?	
Comment vous ferez-vous connaître (publicité, bouche à oreilles, Internet, etc.)?	
Êtes-vous déjà un spécialiste de l'activité que vous souhaitez créer?	
Pensez-vous qu'il vous faudrait une formation de créateur chef d'entreprise?	
Avez-vous discuté et fait valider votre projet auprès de spécialistes de la création (Boutique de gestion, CCI, organismes divers)?	

Faites le point sur votre projet d'activité Remplissez le tableau pour faire la synthèse de votre projet.	
Questions	**Observations et points à creuser**
Avez-vous envisagé votre projet sous des angles divers (existence du marché, risques, moyens financiers) ?	
Avez-vous une épargne personnelle pour démarrer votre entreprise ?	
Quelles sont vos sources de financement (argent personnel, parents, amis) ?	
Avez-vous eu connaissance d'aides possibles à la création de votre entreprise ?	
Avez-vous contacté une ou plusieurs banques ?	

4

Les réseaux d'accompagnement

• **Intérêt pour l'auto-entrepreneur de ne pas rester isolé**

Futur auto-entrepreneur, ne restez pas isolé ! N'hésitez pas à aller voir des organismes spécialisés dans la création d'entreprises, sollicitez les conseils de spécialistes afin de préparer au mieux votre projet et de réussir votre activité future. Soumettre votre projet à des conseils extérieurs est en effet essentiel pour bénéficier d'une expertise, en vérifier sa faisabilité et déterminer les actions à conduire.

L'intérêt de se mettre en relation avec ces différentes structures spécialisées est de pouvoir parler librement de votre projet de création. Vous pourrez ainsi :

– bénéficier d'informations fiables et de l'assistance d'experts dans différents domaines (droit, fiscalité, finances et gestion) ;
– valider votre projet ;
– établir des prévisions ;
– chiffrer les financements nécessaires pour démarrer et vous développer par la suite.

 **Conseil**

Futurs auto-entrepreneurs :
• Informez-vous.
• Rapprochez-vous des réseaux d'accompagnement.
• Ne restez pas isolé.

• Des structures prêtes à vous conseiller

L'auto-entrepreneur doit impérativement faire appel à des spécialistes de la création. Plusieurs types d'organismes peuvent être recommandés afin de recueillir informations et conseils.

 Parole d'auto-entrepreneur

« Le régime de l'auto-entrepreneur est un dispositif assez simple et intéressant pour les petits entrepreneurs. Toutefois, il faut se faire expliquer certains points obscurs, telle l'option pour le versement libératoire de l'impôt sur le revenu. Inscrite depuis quelques mois, j'ai l'impression de ne pas maîtriser totalement l'ensemble du dispositif. J'espère que mon choix d'exercer ma profession de réflexologue avec le statut d'auto-entrepreneur sera à long terme fructueux. »

Alexina Dorolant, réflexologie plantaire à Paris (15ᵉ).

L'Agence pour la création d'entreprises (APCE)
Site : www.apce.com

L'Agence pour la création d'entreprises est implantée à Paris. Organisme officiel chargé de favoriser la création d'entreprises en France, l'APCE fournit une mine de renseignements sur la création. Son site Internet est particulièrement intéressant pour le futur créateur : les informations sont constamment mises à jour et tiennent compte des dernières dispositions législatives et réglementaires. Par ailleurs, pour chaque étape de la création, des conseils et des explications sont indiqués dans un langage très clair.

De plus, l'APCE réalise des études sur l'évolution des créations d'entreprises en France. Moyennant une participation financière (8 € par fiche), il est possible de se procurer des fiches signalétiques sur différentes professions.

Les Boutiques de gestion

Site : www.boutiques-de-gestion.com

Le réseau des Boutiques de gestion est implanté sur tout le territoire (400 sites). Il est financé principalement par l'État. Son rôle consiste à :

- vous accueillir et répondre à toutes vos interrogations de futur créateur ;
- vous accompagner pour faire avancer votre projet : élaboration d'une étude de marché, établissement de prévisions, choix d'un statut juridique et fiscal adapté ;
- vous suivre lors du démarrage de votre activité.

Les Boutiques peuvent également vous mettre en relation avec d'autres créateurs (clubs de créateurs). Les conseils donnés par les Boutiques de Gestion sont gratuits.

Les Chambres de commerce et d'industrie (Maisons de l'entreprise, etc.)

Site : www.cci.fr

Les Chambres de commerce et d'industrie sont implantées dans les principales villes de France. Dans les **Maisons de l'entreprise**, des conseillers spécialisés en création d'entreprises accueillent gratuitement les créateurs d'activité et peuvent les aider à concrétiser leur projet.

Pour connaître l'implantation de la Chambre de commerce et d'industrie la plus proche de chez vous, il est conseillé de vous connecter sur le net.

Le réseau **Entreprendre en France**, créé en 1995 à l'initiative des Chambres de commerce et d'industrie et des banques appartenant à la fédération bancaire française, dispose de plus de 235 points d'accueil en France dans les Chambres de commerce et d'industrie ou dans leurs antennes.

L'objectif d'Entreprendre en France est triple :

- stimuler l'esprit d'entreprise ;

– assurer un accompagnement avant et après la création ;
– assurer la pérennité des nouvelles entreprises créées.

Les conseillers du réseau reçoivent les futurs créateurs d'activité au début de leur projet puis ultérieurement afin d'évaluer l'avancée de celui-ci et de les aider à préparer le lancement de leur activité. Ils assurent par la suite un suivi personnalisé de l'auto-entrepreneur.

Les Chambres des métiers et de l'artisanat

Site : www. artisanat.fr

Les Chambres des métiers et de l'artisanat représentent l'ensemble des métiers de l'artisanat (soit plus de 250 métiers). Leur mission est de défendre les intérêts généraux de l'artisanat (800 000 entreprises artisanales).

Elles s'intéressent principalement aux métiers de l'artisanat.

L'ADIE et le microcrédit

Site : www.adie.org

L'ADIE (Association pour le droit à l'initiative économique) propose plus particulièrement son assistance aux auto-entrepreneurs qui n'ont pas accès au crédit bancaire (allocataires du RSA et demandeurs d'emploi). L'ADIE s'intéresse à tous les types d'activité (restaurateur, fleuriste, coiffeur à domicile, cuisinier, etc.). Les critères sur lesquels l'association s'appuie pour attribuer son aide sont les compétences et la détermination du créateur et la viabilité de son projet. L'association peut proposer un plan de financement plafonné à 10 000 € qui se décompose en deux prêts :

– un prêt solidaire pouvant atteindre 5 000 € remboursables sur 24 mois maximum. Le taux d'intérêt du prêt est similaire au taux pratiqué par les banques. Toutefois, ce qui le différencie d'un prêt bancaire tient au fait que le prêt de l'ADIE est attribué à des personnes auxquelles les banques refusent de prêter. L'ADIE demande une caution de l'entourage du créateur portant sur la moitié du prêt ;

– un prêt d'honneur d'un maximum de 5 000 € sans intérêt et sans caution.

Les fonds mis à la disposition de l'ADIE proviennent du Fonds social européen, de différents organismes financiers (Caisses d'épargne, Caisse des dépôts et consignations, etc.) et de collectivités locales (mairies, conseils régionaux, etc.).

 **À noter**

Les principaux réseaux d'accompagnement sont les suivants :
- Les Chambres de commerce et d'industrie
- Entreprendre en France
- Les Chambres des métiers et de l'artisanat
- Les Boutiques de gestion
- L'ADIE

Tenez-vous informé

- **Rencontrez des professionnels du secteur qui vous intéresse !**

Il peut être très utile que vous vous mettiez en relation avec des professionnels qui exercent leur activité dans le secteur qui vous intéresse. Essayez de contacter ceux-ci et n'hésitez pas à rencontrer les organisations professionnelles qui regroupent les différentes entreprises d'une même branche d'activité.

- **Visitez les salons professionnels portant sur la création !**

Il est vivement conseillé de visiter :
- le Salon des entrepreneurs organisé chaque année à Paris début février et à Lyon en juin ;
- le Salon des micro-entreprises qui se tient chaque année à l'automne au Palais des Congrès de Paris ;
- les nombreux salons régionaux sur la création d'entreprise.

Se rendre à un salon présente de multiples intérêts :
- se former et s'informer (en participant à des conférences) ;
- rencontrer des organismes spécialisés dans la création et susceptibles de vous aider à concrétiser votre projet : CCI, Chambres des métiers et de l'artisanat, ministères, INSEE, Pôle emploi, collectivités locales, organismes sociaux (retraite, Sécurité sociale), etc. ;
- rencontrer des financiers ;
- prendre des contacts.

- **Lisez la presse économique !**

Si vous êtes porteur de projet, il est intéressant de lire la presse économique traitant de la création d'entreprises (des titres comme *L'Entreprise, Entreprendre, Défis, Challenge, Les Échos, L'Expansion, La Tribune,* etc.) et bien entendu la presse spécialisée sur votre secteur professionnel.

- **Surfez sur la toile !**

Il existe de nombreux sites sur la toile avec de multiples forums de discussion où les internautes s'échangent des conseils pratiques sur le nouveau régime de l'auto-entrepreneur : référez-vous aux différents sites proposés à la fin de l'ouvrage dans les Infos ++.

 **Conseil**

Futurs auto-entrepreneurs :

- N'hésitez pas à prendre rendez-vous avec un conseiller création de votre Chambre de commerce et d'industrie.
- Rapprochez-vous de réseaux (Boutiques de gestion, Entreprendre ensemble en France, etc.).
- Visitez un salon national ou régional portant sur la création d'entreprises : vous ne serez pas déçu car vous y rencontrerez tous les organismes susceptibles de vous aider à réaliser au mieux votre projet.

Évaluez votre prochaine activité

- **Évaluez votre chiffre d'affaires prévisionnel**

Chiffre d'affaires = prix de vente x quantité vendue

L'analyse précise de votre marché doit vous conduire à connaître à l'avance la quantité de produits ou de services que vous vendrez chaque mois. Il faut rester réaliste et modérer son optimisme. Par exemple, votre activité engendrera peut-être des variations saisonnières à prendre en compte.

Pour chaque produit ou service que vous souhaitez commercialiser, il va falloir préciser :

4

– le prix de vente (hors taxe, le régime de l'auto-entrepreneur étant en franchise de TVA) ;
– la quantité vendue par an (par mois) ;
– l'évolution attendue des ventes (par exemple : progression ou baisse de 5 ou 10 % par an).

Pour réussir ces prévisions, il est vivement recommandé d'interroger des conseillers (réseaux d'accompagnement, comptables, etc.).

• **Chiffrez les différentes charges**

Il s'agit d'inventorier les différentes charges qui vous incomberont et qui souvent seront incompressibles :

– achats de marchandises ou de produits destinés à la revente (qui eux seront TTC) ;
– frais d'électricité ;
– frais de téléphone, d'Internet ;
– frais de location (coût du local) si vous ne pouvez pas utiliser votre domicile pour exercer votre activité ;
– frais de publicité et de communication (conception d'un éventuel site Internet) ;
– frais de transport et déplacement ;
– charges financières (commissions et intérêts versés à la banque) ;
– cotisations sociales forfaitaires[1] ;
– le versement forfaitaire libératoire de l'impôt sur le revenu, si vous avez choisi l'option[2].

 **Conseil**

• Attention, soyez réaliste dans votre chiffrage !
• Restez prudent sur vos perspectives de ventes !
• Ne sous-évaluez pas vos charges !

---

1. Voir au chapitre 6, p. 143.
2. Voir au chapitre 7, p. 158.

• **Chiffrez votre revenu professionnel net**

Votre revenu professionnel net correspond à votre résultat professionnel, calculé en établissant un compte de résultat.

À quoi sert le compte de résultat ? Le compte de résultat est un document comptable qui indique le montant total des charges (achats de marchandises, frais de publicité, frais de téléphone, etc.), le montant total des produits (ventes, etc.) et le résultat pour un exercice donné (bénéfice ou perte).

 **Exercice**

Comment établir un compte de résultat ?

Établissez le compte de résultat de l'auto-entreprise d'Anatole.

Anatole, auto-entrepreneur ayant une activité de négoce, va établir le compte de résultat de son activité au 31 décembre 2009. Voici les éléments comptables à sa disposition portant sur l'année 2009 :

• Ventes (chiffre d'affaires) : 76 000 €
• Achats de marchandises : 24 000 €
• Frais de communication (création d'un site web, publicité, etc.) : 15 000 €
• Frais de transport : 6 000 €
• Charges sociales (taux forfaitaire de 12 % des ventes) : 9 120 €
• Versement forfaitaire (impôt sur le revenu : 1 % des ventes) : 760 €

Solution

• Total produits (chiffre d'affaires) : 76 000 €
• Total charges : achats de marchandises (24 000 €) + frais de communication (15 000 €) + frais de transport (6 000 €) + cotisations sociales (9 120 €) + versement forfaitaire libératoire (760 €) = 54 880 €
• Résultat : produits (76 000 €) – charges (54 880 €) = 21 120 €.

Le résultat se solde par un bénéfice qui constitue le revenu professionnel annuel d'Anatole après versement de l'impôt sur le revenu.

Le compte de résultat de l'auto-entreprise d'Anatole se présente comme ci-dessous.

Compte de résultat d'activité de l'année 2009 pour Anatole, auto-entrepreneur (en €)			
Charges		**Produits**	
Achats de marchandises	24 000	Ventes	76 000
Frais de communication	15 000		
Frais financiers	6 000		
Charges sociales	9 120		
Versement libératoire impôt sur le revenu	760		
Total charges	54 880		
Résultat de l'activité	21 120		
Total charges + résultat de l'activité	76 000	Total produits	76 000
Schéma simplifié pour la compréhension. Dans cet exemple, les produits (montant des ventes) dépassent les charges et le résultat de l'activité est bénéficiaire.			

- **Maîtrisez le suivi de la gestion et de la comptabilité de votre activité**

Les logiciels

De très nombreux logiciels de comptabilité existent sur le marché et sont satisfaisants. Il faut savoir que la mise en place d'un logiciel comptable nécessite une période d'adaptation et de formation plus ou moins longue.

Il existe plusieurs logiciels gratuits qui sont destinés aux auto-entrepreneurs que vous pouvez télécharger sur Internet, comme le logiciel Ciel.

Sites à consulter :
- www.apce.com indique une liste de logiciels de comptabilité gratuits.
- www.ciel.com propose le logiciel : Ciel Auto-Entrepreneur facile.

Le kit de l'auto-entrepreneur

Sur le portail officiel des auto-entrepreneurs (www.lautoentrepreneur.fr) et sur le site de l'APCE (www.apce.com) est proposé en téléchargement le kit de l'auto-entrepreneur qui contient en particulier :

– un formulaire de déclaration de début d'activité ;

- un modèle de facturation avec les mentions réglementaires : votre identification, celle de votre client, un numéro de facture, la mention « TVA non applicable, art. 293 B du CGI ». Si vous choisissez de l'utiliser, n'oubliez pas la description de l'objet de la facture : vente de produits (quantité vendue, prix unitaire, prix total) ou vente de prestations (nature et détail de la prestation) ;
- un livre chronologique des recettes et un registre des achats ;
- une liste de pièces justificatives à conserver.

Les pièces justificatives à conserver

L'auto-entrepreneur doit conserver toutes les factures de ventes/achats de marchandises et de prestations de service. Les principales pièces justificatives sont :

- les factures des fournisseurs pour justifier les achats ;
- le double des factures adressées aux clients, bons de commande du client, bons de livraison de la marchandise ;
- la correspondance commerciale ;
- les bordereaux des remises de chèques ;
- les notes de frais : frais de déplacement (frais de voiture, notes d'hôtel et de restaurant, tickets de parking, notes de carburant) ;
- les relevés bancaires ;
- la copie des déclarations de chiffre d'affaires ;
- la copie des déclarations sociales et fiscales et de leur règlement.

 **Conseil**

Pensez à votre trésorerie !

- Surveillez de près les conditions de règlement de vos clients.
- N'hésitez pas à demander un acompte à la commande si vous effectuez des prestations de services (exemple dans les métiers du bâtiment : électricien, peintre, etc.).
- Précisez les conditions de règlement sur vos devis ou vos factures.
- Que vos clients soient des entreprises ou des particuliers, soyez vigilant et faites respecter les conditions de règlement négociées.

• Peut-on espérer créer une activité rentable ?

Curieusement, et notamment sur les nombreux forums de discussion dédiés à l'auto-entrepreneur sur Internet, il est assez peu question de rentabilité et des bénéfices que l'auto-entrepreneur pourrait tirer de son activité. Le revenu professionnel est souvent confondu avec le chiffre d'affaires réalisé, ce qui est par exemple le cas d'un prestataire de services qui supporterait peu de frais de fonctionnement (faibles frais de déplacement, faibles charges, micro-ordinateur déjà en place). Par contre, pour une activité commerciale d'achat – revente de produits –, le revenu professionnel net n'a rien à voir avec le niveau des ventes (les charges correspondant aux achats de produits représentent une part importante du chiffre d'affaires). Par ailleurs, pour une activité artisanale nécessitant un matériel spécifique (outillage, local, etc.), le bénéfice est très inférieur aux ventes enregistrées. Il peut même se révéler nul ou négatif. D'où la nécessité d'élaborer des prévisions réalistes avant de commencer son activité.

 **Remarque**

Ne pas confondre revenu professionnel net et chiffre d'affaires

Le revenu professionnel net correspond au résultat de l'activité obtenu en faisant la différence chiffre d'affaires (ventes ou recettes) moins l'ensemble des charges (achats, fournitures, frais déplacement, de téléphone, de location d'un local, cotisations sociales, etc.). Le résultat peut être un bénéfice si les ventes dépassent les charges. Si les charges sont supérieures au chiffre d'affaires, une perte est enregistrée.

L'activité de l'auto-entrepreneur est supposée lui rapporter un maximum d'environ 2 000 € par mois (soit environ 1,5 fois le SMIC), et ce en prenant l'hypothèse d'un chiffre d'affaires proche du plafond. Cette hypothèse haute implique en outre que l'auto-entrepreneur se consacre complètement à son activité.

Les deux premiers exemples suivants indiquent quels seraient les revenus professionnels nets de deux auto-entrepreneurs, Emma et Jean-Paul, dont les chiffres d'affaires atteindraient les plafonds autorisés en 2009 et qui exerceraient leur activité d'auto-entrepreneur à temps plein. Le troisième exemple porte sur le revenu professionnel net de Denis, auto-entrepreneur qui est par ailleurs salarié à temps plein.

 **Exemples**

Le montant maximal des revenus potentiels de l'auto-entrepreneur

Exemple 1 : activité d'achat-revente dont le chiffre d'affaires est égal au plafond autorisé (80 000 € en 2009)

Emma est auto-entrepreneur. Son activité consiste à commercialiser des produits pour la beauté qu'elle achète à des fournisseurs. Voici donc le cadre de son activité :

- Plafond annuel de chiffre d'affaires autorisé en 2009 : 80 000 €
- Taux forfaitaire de cotisations sociales : 12 %
- Option pour l'impôt libératoire sur le revenu : 1 %
- Total cotisations sociales et fiscales : 12 % + 1 % = 13 %

Hypothèses :

- Les ventes annuelles d'Emma atteignent le plafond maximal autorisé, soit 80 000 €.
- Emma a choisi l'option de l'impôt libératoire sur le revenu : 1 %.

Le montant des cotisations annuelles sociales et fiscales sera de :
$$80\,000\,€ \times 13\,\% = 10\,400\,€$$

Il convient de retrancher du montant des ventes les frais d'achats de marchandises, les frais de transport, les frais de stockage, le téléphone, etc. qui peuvent atteindre jusqu'à 70 à 75 % du montant des ventes. Rappelons que les marchandises ou produits sont achetés TVA comprise (19,6 %) et qu'Emma ne peut récupérer la TVA puisque l'auto-entrepreneur est en franchise de TVA.

Prenons deux cas de figure :

- Si les coûts d'achat de produits et les différents frais annexes sont importants et représentent **70 %** du montant des ventes : 70 % x 80 000 € = 56 000 €

  Le revenu net professionnel d'Emma après cotisations sociales et fiscales se chiffrera à : Ventes – (Achats et frais annexes + Cotisations sociales et fiscales) = 80 000 € – (56 000 € + 10 400 €) = 80 000 € – 66 400 € = 13 600 €, soit un résultat professionnel d'environ 1 100 € par mois.

- Si les coûts d'achat de produits et les différents frais annexes atteignaient **60 %** du montant des ventes : 80 000 € – (8 000 € x 60 %) – 10 400 € = 21 600 €, soit un résultat professionnel de 1 800 € par mois.

4

Ainsi, selon la marge obtenue par Emma sur ses ventes, son revenu devrait se situer entre 1 100 € et 1 800 € par mois.

Remarque : il s'agit d'une hypothèse haute, car un chiffre d'affaires égal au plafond semble difficilement réaliste dès la première année d'activité.

Exemple 2 : activité de services dont le chiffre d'affaires est égal au plafond autorisé (32 000 € en 2009)

Jean-Paul est auto-entrepreneur. Il a créé une activité de prestations de services à la personne (petit jardinage chez les particuliers).

Dans ce cas, les cotisations sociales et fiscales sont plus élevées (23 %) mais les coûts d'activité sont plus faibles que dans l'exemple 1 :
- Plafond annuel de chiffre d'affaires : 32 000 €.
- Taux forfaitaire de cotisations sociales : 21,3 %
- Option pour l'impôt libératoire sur le revenu : 1,7 %
- Total cotisations forfaitaires sociales et fiscales : 21,3 % + 1,7 % = 23 %

Hypothèses :
- On se place dans l'hypothèse haute où Jean-Paul a un chiffre d'affaires annuel qui atteint le plafond soit 32 000 €.
- Admettons qu'il n'ait aucun frais.

Le montant des cotisations sociales et fiscales annuelles sera de :
$$32\,000\, € \times 23\,\% = 7\,360\, €$$

Le revenu professionnel de Jean-Paul net de cotisations sociales et fiscales se chiffrera à :
$$32\,000\, € - 7\,360\, € = 24\,640\, €,\ \text{soit environ 2 053 € par mois.}$$

Ce montant est un maximum, car les facturations envisagées atteignent le maximum autorisé (32 000 €) et aucun frais n'a été retenu dans les calculs.

Exemple 3 : auto-entrepreneur qui est par ailleurs salarié à temps plein

Denis est un auto-entrepreneur qui par ailleurs est salarié dans le département contrôle de gestion d'une grande entreprise. Son activité d'auto-entrepreneur est conseil en informatique. Compte tenu de sa double activité, il n'a que ses soirées, ses week-ends et ses vacances pour organiser son activité d'auto-entrepreneur. C'est pourquoi, il estime que son chiffre d'affaires atteindra au maximum 7 000 € par an.

Hypothèses :
- Denis n'a pas d'autres charges que ses charges sociales et fiscales.
- Il va gagner 7 000 € par an en tant qu'auto-entrepreneur.
- Compte tenu de son revenu fiscal de référence, Denis peut opter pour le versement libératoire de l'impôt sur le revenu (voir au chapitre 7, p. 158).

Que lui reste-t-il après avoir payé ses charges ?
Ses cotisations sociales s'élèveront à 18,3 % de son chiffre d'affaires (activité libérale relevant de la Caisse de retraite CIPAV). Sa cotisation fiscale sous forme de versement libératoire de l'impôt sur le revenu sera de 2,2 %.

Au total au cours de l'année, il va payer trimestriellement (ou mensuellement) la somme globale de : 7 000 € x (18,3 % + 2,2 %) = 1 435 €.

Son revenu professionnel net d'auto-entrepreneur après impôt et charges sociales : 7 000 € − 1 435 € = 5 565 €, soit **464 € par mois.**

Préparez un business plan

• **Comment se présente un *business plan* ?**

Le *business plan* (ou plan d'affaires) est un dossier présentant votre projet de création d'activité. Ce dossier en indique les principaux aspects :
- présentation de l'auto-entrepreneur ;
- description de l'activité (produits proposés à la vente, services, etc.) ;
- situation du marché (clientèle, concurrence, environnement commercial) ;
- régime juridique retenu (ici le régime de l'auto-entrepreneur) ;
- prévisions financières : compte de résultat prévisionnel, financement de l'activité (sur une année au moins).

Le document de quelques pages doit être si possible bien présenté − avec documentation sur vos produits (photos, publicité). Il va vous aider à présenter votre activité à des partenaires (clients, fournisseurs), à obtenir des financements, et finalement à mieux gérer votre activité.

• **Pourquoi établir des prévisions financières ?**

Pour mieux gérer votre activité

Les prévisions financières sont un outil extrêmement utile pour l'auto-entrepreneur : en effet, elles lui permettent de comparer les résultats de son activité avec son chiffrage initial. L'écart entre ses prévisions de départ et le chiffre d'affaires réalisé est souvent instructif. Si la réalité ne répond pas aux attentes du début d'activité, l'auto-entrepreneur va pouvoir en expliquer les causes et faire évoluer sa manière de gérer son affaire.

4

Pour obtenir des financements

Les prévisions financières seront présentées à différents partenaires : à vos proches (relations, parents, amis) et aussi à votre banquier. Leur contenu doit pouvoir les convaincre de l'intérêt à porter à votre entreprise.

Comment obtenir des financements auprès de financiers si vous ne pouvez expliquer pourquoi vous avez besoin de fonds ? Les relations, parents ou amis, les banquiers contactés doivent être convaincus du bien fondé de votre demande. Il faut donc leur expliquer pourquoi vous avez éventuellement besoin de financement.

Un bon plan d'affaires, minutieusement préparé et réaliste, doit inciter les prêteurs à vous faire confiance et à accorder les financements souhaités.

Bien entendu, il vous faudra défendre vos positions, donner des précisions sur tel ou tel point, démontrer que vous avez envisagé plusieurs hypothèses et que celle qui a été retenue semble la plus réaliste. N'avez-vous pas été trop optimiste ? Il conviendra de faire remarquer que vous avez été très prudent et que vos chiffres n'ont pas été gonflés pour plaire et obtenir un financement.

 **Conseil**

N'hésitez pas à effectuer des prévisions financières !
- Présentez votre activité à des partenaires (clients, fournisseurs).
- Construisez-vous un outil de gestion efficace et pertinent.
- Trouvez des financements auprès de financiers (parents, amis, relations) ou auprès des banques.

Financez votre activité

• Les sources de financement

L'auto-entrepreneur devra surtout compter sur lui-même pour financer le démarrage de son activité. Toutefois, il existe des possibilités de financement à ne pas négliger :

- Son propre argent et celui de ses proches (amis, famille, relations) vont dans la plupart des cas assurer une part significative des besoins financiers de départ.
- Si l'auto-entrepreneur est demandeur d'emploi, il peut bénéficier de l'ARCE[1].
- L'ADIE est un organisme spécialiste du micro-crédit accordé aux demandeurs d'emploi et aux bénéficiaires de minima sociaux, comme le RSA[2].

Plusieurs caractéristiques de l'entreprise vont intéresser les financiers :

Sa solidité et sa solvabilité : les financiers ont besoin d'être confortés sur la viabilité du projet et sur la pérennité de l'activité. En effet, le banquier qui accorde un prêt doit pouvoir penser que la durée de vie de l'entreprise sera au moins égale à la durée du prêt.

Sa rentabilité : la rentabilité intéresse tous les partenaires financiers.

• Un compte bancaire spécifique pour son activité d'auto-entrepreneur ?

Un compte mixte à la fois personnel et professionnel est possible. Cependant, un compte professionnel est conseillé.

• Les banques face aux auto-entrepreneurs

Certains établissements financiers ont mis en place un partenariat avec le ministère de l'Économie, de l'Industrie et de l'Emploi pour favoriser le financement des auto-entrepreneurs.

La Banque postale

Site : www.labanquepostale.fr

Numéro azur dédié aux auto-entrepreneurs : 0 820 826 826

BNP Paribas

Site : www.bnpparibas.com

La Caisse d'épargne

Site : www.caisse-epargne.fr/forfait-auto-entrepreneur.aspx

---

1. Voir au chapitre 3, p. 71.
2. Voir le paragraphe sur les réseaux d'accompagnement, p. 89.

4

La Société générale

Site : www.autoentrepreneur.societegenerale.fr

2. QUELLES SONT LES DÉMARCHES À EFFECTUER POUR DEVENIR AUTO-ENTREPRENEUR ?

Vous allez pouvoir devenir auto-entrepreneur en deux étapes très rapprochées dans le temps :

- Vous effectuez votre déclaration de début d'activité.
- Vous recevez quelques jours plus tard votre numéro d'inscription sur le répertoire national des entreprises (numéro SIREN/SIRET) et votre code d'activité (dit code APE).

Vous pouvez alors commencer votre activité d'auto-entrepreneur.

 **En bref**

Voici le déroulement des différentes étapes successives du démarrage de votre activité d'auto-entrepreneur :

- **Jour J :** déclaration de votre activité.
- **Jour J + 5 ou 6 :** obtention quelques jours plus tard de votre inscription SIREN/SIRET et de votre code APE.
- **Jour J + 7 :** démarrage de votre activité.

La déclaration d'activité

• Une simple déclaration suffit pour devenir auto-entrepreneur

Pour effectuer votre déclaration d'activité d'auto-entrepreneur, il existe plusieurs possibilités : vous déclarer en ligne ou bien vous adresser à un Centre de formalités des entreprises (CFE) par courrier ou en vous rendant sur place.

Vous pouvez vous déclarer en ligne sur les sites suivants :

- www.lautoentrepreneur.fr
- www.cfenet.cci.fr
- www.cfe-metiers.com
- www.cfe.urssaf.fr

Ou bien vous pouvez vous adresser à un Centre de formalités des entreprises (CFE):

- **CFE des Chambres de commerce et d'industrie (CCI)** pour les activités de vente de marchandises (vente de vêtements, vente d'objets décoratifs, etc.), les prestations d'hébergement (chambres d'hôtes, etc.), les services à la personne (garde d'enfant, petit jardinage, etc.);
- **CFE des Chambres des métiers et de l'artisanat** pour les activités de transformation de matières premières destinées à la vente (confection et vente de vêtements, création et vente de bijoux fantaisie, etc.), la fourniture de denrées à emporter ou à consommer sur place (fabrication puis vente de crêpes bretonnes, de pâtisseries orientales, etc.), les services artisanaux (métiers du bâtiment: peintre, plombier, etc.);
- **CFE de l'Union de recouvrement des cotisations de Sécurité sociale et d'allocation familiale (URSSAF)** pour les prestataires de services et les activités libérales (expert, consultant en gestion, cours de langues, auto-écoles, etc.).

Lors des 6 premiers mois de 2009, on a constaté que 70 % des déclarations d'inscription avaient eu lieu sur le site www.lautoentrepreneur.fr, les 30 % restants s'étant faits par le canal des Centres de formalités des entreprises[1].

 **Avis du pro**

Effectuez vos démarches en ligne

« Nos conseils à destination des futurs auto-entrepreneurs ou de ceux qui ont déjà adhéré au régime s'articulent tous autour d'une seule idée: effectuez vos démarches en ligne. Ils tiennent aujourd'hui en trois points:

---

1. Source: Publication officielle déjà citée: L'auto-entrepreneur, Bilan d'étape après 6 mois de mise en œuvre, juillet 2009.

4

- Adhérez au régime de l'auto-entrepreneur à l'aide du site officiel, www. lautoentrepreneur.fr.
- Dès réception de votre numéro SIREN-SIRET, inscrivez-vous au télérèglement toujours sur www.lautoentrepreneur.fr.
- Tous les mois ou tous les trimestres, déclarez votre chiffre d'affaires et réglez vos cotisations sociales sur www.lautoentrepreneur.fr sans attendre la date limite d'échéance : vous ne serez prélevé qu'à cette date, ni avant ni après. www.lautoentrepreneur.fr est un site gratuit et facultatif qui non seulement facilite votre déclaration de chiffre d'affaires et le règlement de vos cotisations mais de plus vous offre sécurité et rapidité dans vos formalités.

Si vous rencontrez des difficultés dans vos démarches en ligne (problème avec votre PC ou votre connexion Internet) :

- Allez dans un cybercafé muni de votre mot de passe.
- Ou bien contactez votre organisme pour recevoir un formulaire papier. »

Alexandre Azar,
responsable de la communication GIP-MDS, net-entreprises.fr.

• Le rôle des Centres de formalités des entreprises (CFE)

Le rôle des CFE est de vous aider à bien remplir votre déclaration de début d'activité, en particulier à déterminer avec vous quelle est exactement votre activité principale en tant qu'auto-entrepreneur. En effet, il existe de multiples activités et parfois certaines sont peu connues des administrations. Or, il convient de vous inscrire en vous rattachant à une activité connue en particulier des services de l'Institut de la statistique et des études économiques (INSEE). Cet organisme officiel est chargé d'établir les statistiques de la France, en particulier en matière d'entreprises : nombre, répartition selon la taille, selon les secteurs d'activité, etc.

Les Centres de formalités des entreprises sont chargés d'examiner votre déclaration de début d'activité puis de transmettre les informations à tous les organismes concernés tels l'INSEE, l'URSSAF, le Régime social des indépendants (RSI), l'administration fiscale.

En bref

Création facile

- Déclarez votre activité en ligne ou auprès d'un Centre de formalités des entreprises.
- Définissez bien la nature de votre activité.
- Recevez quelques jours plus tard de votre numéro SIREN/SIRET et le code APE de votre activité.

Le formulaire de déclaration d'activité

Sur le site de l'APCE (www.apce.com), vous trouverez le formulaire de déclaration d'activité. Il comprend quatre volets relatifs à :

- **Votre identité :** vous devez dans cette rubrique indiquer vos nom et prénom, date et lieu de naissance, nationalité, adresse postale, adresse e-mail, téléphone, statut actuel (salarié, retraité, etc.). En l'existence d'un conjoint collaborateur travaillant régulièrement dans l'auto-entreprise sans être rémunéré, sont requis de même ses nom et prénom, date et lieu de naissance. C'est ici aussi que vous précisez si vous souhaitez bénéficier de l'aide aux chômeurs créateurs (ACCRE), auquel cas vous devez faire une demande d'ACCRE sur un imprimé spécifique obtenu sur le site : www.pme.gouv.fr en même temps que la déclaration d'activité (cf. chapitre 3, p. 63, *Vous êtes demandeur d'emploi : pouvez-vous devenir auto-entrepreneur ?*).

- **La nature de votre activité :** indiquez la nature de votre activité (commerciale ou artisanale), faites-en une description (activité principale et autres activités exercées), précisez la date de début de l'activité et le lieu d'exercice avec adresse et téléphone (si différents de votre domicile).

- **Le volet social :** sont demandés ici votre numéro de Sécurité sociale et votre régime d'assurance-maladie au moment de la déclaration (si vous avez un conjoint collaborateur, vous devez aussi préciser son numéro de Sécurité sociale). Il vous est demandé aussi si vous comptez rester simultanément salarié, retraité ou autre. Cette rubrique comporte enfin la liste de personnes demandant à bénéficier de l'assurance-maladie de l'auto-entrepreneur.

- **Le volet fiscal:** indiquez ici si vous souhaitez bénéficier de l'option pour le versement libératoire de l'impôt sur le revenu calculé sur le chiffre d'affaires ou les recettes.

- **Pour bien remplir votre déclaration d'activité**

Examinez de près les points suivants:

- Votre conjoint marié ou pacsé va-t-il vous aider dans votre activité? Cette question est importante à noter car des cotisations spécifiques sont prévues dans ce cas.

- Que les chômeurs soient indemnisés ou non, ils ont droit à l'ACCRE, système d'exonération partielle des cotisations sociales pendant près de trois ans. N'oubliez pas de faire une demande spécifique si vous êtes concerné[1].

- Dans le volet social, il est précisé: « Vous avez choisi l'option micro-social simplifié ». Il s'agit du régime social attaché à l'auto-entrepreneur. En conséquence, c'est en fait la seule « option »[2].

- Précisez si vous préférez déclarer votre chiffre d'affaires – et en conséquence verser vos cotisations – chaque trimestre ou chaque mois. Le but est de faciliter la gestion de votre activité. Si vous estimez que votre activité vous conduit à faire de nombreuses opérations (par exemple, ventes de plats à emporter ou à consommer sur place), choisissez l'option de versement mensuel. Par contre, si vous avez peu d'opérations à enregistrer (facturation de prestations de consultant en marketing par exemple), prenez l'option du versement trimestriel.

- Pour le volet fiscal relatif à l'option pour le versement libératoire de l'impôt sur le revenu, il faut examiner votre propre situation fiscale[3].

L'obtention d'un numéro SIREN-SIRET

Après avoir envoyé votre déclaration de début d'activité, vous recevez quelques jours plus tard un document sur lequel sont précisés:

– le numéro d'identification de votre entreprise (numéro SIREN-SIRET);
– votre code APE (activité principale de l'entreprise).

1. Voir au chapitre 3, p. 66.
2. Pour plus d'informations sur le régime micro-social simplifié, voir au chapitre 6, p. 143.
3. Voir au chapitre 7, p. 157.

• **Qu'est-ce que le numéro SIREN-SIRET ?**

 **ttention !**

L'auto-entrepreneur est immatriculé au répertoire national des entreprises

Ce répertoire enregistre l'état civil des entreprises : nom, prénom, date et lieu de naissance de la personne physique (pour les entreprises individuelles), ou la raison sociale, la dénomination, le sigle de l'entreprise, sa forme juridique, l'adresse de son siège social (pour une personne morale).

Cette immatriculation est attestée par l'obtention de numéros SIREN/SIRET propres.

L'auto-entrepreneur n'est pas immatriculé au registre du commerce et des sociétés : il n'a donc pas de Kbis.

L'INSEE précise que le numéro SIREN est un identifiant de neuf chiffres attribué à chaque entreprise (attestant de son enregistrement au répertoire national des entreprises). Les huit premiers chiffres n'ont aucune signification, excepté pour les organismes publics (communes, etc.) dont le numéro SIREN commence obligatoirement par 1 ou 2. Le neuvième chiffre permet de contrôler la validité du numéro.

Le numéro SIREN n'a aucun lien avec les caractéristiques de l'entreprise. Il n'est attribué qu'une seule fois et n'est supprimé du répertoire qu'au moment de la disparition de la personne juridique (décès ou cessation de toute activité pour une personne physique, dissolution pour une personne morale).

En ajoutant le numéro interne de classement (NIC), de cinq chiffres, au numéro SIREN, on obtient le SIRET, composé donc de quatorze chiffres. Ce numéro identifie les établissements de l'entreprise. À quoi sert le NIC ? « Il identifie l'établissement en tant qu'unité géographiquement localisée (un siège social, un atelier, une usine, un magasin, etc.) où s'exerce tout ou partie des activités de l'entreprise. Il est donc modifié si l'établissement change d'adresse. » (Information donnée sur la notification de SIREN/SIRET/APE.)

À noter

SIREN : système informatisé du répertoire national des entreprises

SIRET : système informatisé du répertoire national des entreprises et des établissements

NIC : numéro interne de classement

SIREN (9 chiffres) + NIC (5 chiffres) = SIRET (14 chiffres)

4

• À quoi sert votre numéro SIREN/SIRET ?

Il s'agit du numéro d'identification de votre entreprise qui est indispensable pour démarrer votre activité et la faire fonctionner. Vous aurez à mentionner ce numéro SIREN-SIRET sur tous vos documents commerciaux et vos factures (cette mention est obligatoire), ainsi que lors de vos contacts avec les banques, les organismes sociaux, les services fiscaux et le Pôle emploi (pour les demandeurs d'emploi).

L'attribution d'un code APE

• Qu'est-ce que le code APE ?

Outre le numéro SIREN-SIRET, l'auto-entrepreneur se voit attribuer son code APE (activité principale de l'entreprise composé de quatre chiffres et d'une lettre). Ce code est lui aussi fourni par l'INSEE et est utilisé pour les statistiques relatives aux entreprises (classement des entreprises par secteur).

L'appellation de code APE correspond à l'ancienne classification des entreprises par secteur d'activité. Actuellement, c'est la NAF (nomenclature d'activités françaises) qui est appliquée. Mais l'usage veut que l'on parle de code APE.

Ce code APE a en fait une utilité directe pour l'auto-entrepreneur : selon le code obtenu, l'auto-entrepreneur dépendra d'une activité classée, par exemple, en profession libérale ou en activité commerciale (achat-revente de marchandises ou chambres d'hôte). Or, les dispositions qui s'appliquent aux auto-entrepreneurs sont variables selon les activités : les plafonds de chiffre d'affaires annuel autorisés de même que les taux de cotisations sociales et fiscales sont déterminés en fonction de l'activité et donc du code APE. (cf. chapitres 5 et 6).

 Exemples

Voici quelques exemples de codes d'activité (APE) :

- Activité de géomètre : code 7112A.
- Expert automobile pour compagnies d'assurance : code 6621Z.
- Conseil en systèmes et logiciels informatiques : code 6202A.
- Conseil pour les affaires et autres conseils de gestion : code 7022Z.
- Activités photographiques : code 7420Z.
- Traduction : code 7430Z.

Source : www.insee.fr.

• Comment le code APE est-il attribué ?

L'attribution d'un code APE se révèle parfois être un problème épineux.

Si votre activité est bien connue et bien référencée (par exemple architecture d'intérieur, cours d'informatique à domicile, électricité, plomberie, vente d'objets de décoration), l'attribution d'un code APE ne pose pas de problème particulier.

Si en revanche votre activité est peu connue et n'est pas spécifiquement référencée (par exemple correcteur d'ouvrage, réflexologue, tarologue), étant donné que votre activité doit obligatoirement être rattachée à un code APE, il se peut que les organismes en charge de votre inscription comme auto-entrepreneur vous contactent pour en savoir plus et mieux cerner la catégorie dans laquelle il convient de vous inscrire.

Parole d'auto-entrepreneur

« Je suis correctrice indépendante et mes clients sont différents éditeurs. Je travaille avec plusieurs statuts : en tant que salariée vacataire pour certains éditeurs ; d'autres me réclamaient une facture, j'utilisais alors le système du portage salarial (avec environ 40 % de charges sociales et une commission de 10 % pour le porteur), système qui me permettait d'envoyer des factures aux clients.

Le statut de profession libérale me semblait trop coûteux (les charges sont à payer quel que soit le résultat du chiffre d'affaires). Dès que j'ai entendu parler du nouveau régime de l'auto-entrepreneur, je me suis inscrite, en ligne, en précisant mon activité, à savoir correctrice ; j'ai précisé que j'effectuais des prestations de service en profession libérale. Mon inscription en tant qu'auto-entrepreneur s'est déroulée de façon simple et rapide : quelques jours après ma déclaration en ligne, on m'a appelée pour avoir plus de précision sur cette activité professionnelle. Dans les jours qui ont suivi, j'ai reçu mon numéro SIREN et SIRET et mon code APE.

Par ailleurs, une société d'assurance mutuelle, à qui mes coordonnées avaient été communiquées suite à cette inscription, m'a contactée pour me proposer une mutuelle que je n'ai finalement pas prise.

Globalement, je suis très satisfaite de mon nouveau statut et je pense qu'il me convient parfaitement. Je vais payer mes cotisations sociales en même temps que mes déclarations de chiffre d'affaires. »

Marion Enguehard, correctrice d'ouvrages à Marseille

La possibilité d'exercer votre activité à domicile

• L'assouplissement de la législation

La loi sur la modernisation de l'économie (LME) a modifié la législation concernant la possibilité d'exercer une activité à son domicile.

Désormais, vous pouvez, en tant qu'auto-entrepreneur, exercer votre activité à votre domicile même s'il y a passage de clientèle et livraison de marchandises, ce qui était auparavant interdit pour ne pas gêner le voisinage. Toutefois, une contrainte subsiste : le domicile doit être situé au rez-de-chaussée.

• La déclaration d'insaisissabilité de votre résidence principale

Pour protéger vos biens, vous pouvez, par une déclaration chez un notaire, rendre insaisissable votre résidence principale et tous les biens immobiliers dont vous êtes propriétaire (sauf l'immobilier affecté à l'usage professionnel). Il y a lieu de verser plusieurs types de frais :

– les honoraires du notaire ;
– les frais relatifs à l'enregistrement au bureau des hypothèques (publication de la déclaration et salaire du conservateur des hypothèques).

Le coût d'un tel acte s'élève à environ 600 €.

Après un tel acte, les créanciers professionnels ne peuvent plus saisir votre (vos) bien(s).

La possibilité de donner un nom commercial à votre activité

 **Conseil**

Précautions

Si votre idée, le produit ou le service que vous souhaitez promouvoir sont particulièrement originaux et innovants, il faut vous prémunir contre d'éventuelles imitations. Afin de protéger votre idée, deux solutions sont possibles :

• Déposez une enveloppe SOLEAU auprès de l'INPI (Institut national de la propriété industrielle, www.inpi.fr) pour des modèles, des marques ou des brevets.

• Adressez-vous personnellement une lettre recommandée avec accusé de réception contenant votre idée. Vous n'ouvrirez pas cette enveloppe : elle constitue une preuve datée qui pourra montrer, en cas de contestation, que vous êtes l'auteur de l'idée ou du concept.

Il vous est possible de donner à votre activité un nom commercial. Par exemple, pour une activité de plats à consommer sur place ou à emporter Les délices de Jean-Michel ou, pour une fabrication de petites trousses en tissu, Le cadeau de Grand-Mère Mathilde, ou encore, pour une activité de décorateur, Bien vivre chez soi…

QUELLE ACTIVITÉ SOUHAITEZ-VOUS DÉVELOPPER ?

5

1. QUELLE EST LA NATURE DE VOTRE ACTIVITÉ ?

Les activités les plus couramment relevées

La première étude déjà citée sur le profil type des auto-entrepreneurs inscrits en janvier et février 2009 montre que les secteurs ayant recueilli le plus d'intérêt étaient les suivants :

- le « conseil pour les affaires et autres conseils de gestion » ;
- les « autres services personnels » ;
- les « autres commerces de détail » ;
- la « programmation informatique » ;
- la « vente à distance sur catalogue spécialisé ».

Les activités de conseil et de programmation informatique, notamment, occupent une place plus importante que la création d'entreprise classique. Selon les auteurs de l'étude, il semble qu'il s'agit, d'une part de cadres et techniciens salariés, d'autre part de retraités qui poursuivent leur activité précédente. Ils peuvent ainsi compléter leurs revenus respectivement de salariés et de retraités.

Des activités originales

Les activités de conseil et de programmation informatique notamment occupent une place plus importante que dans le cas de la création d'entreprise classique. Selon les auteurs de l'étude, il semble qu'il s'agit, d'une part, de cadres et techniciens salariés et, d'autre part, de retraités qui poursuivent leur activité précédente. Ils peuvent ainsi compléter leurs revenus respectivement de salariés et de retraités.

Certains auto-entrepreneurs proposent des activités encore peu répandues. Par exemple :

- activité de remplacement des commerçants pendant les vacances de ces derniers ;
- activité de *home staging*. Ce sont des professionnels de l'aménagement des logements à vendre visant à mettre en valeur l'appartement ou la maison afin de la céder aux meilleures conditions du marché : il s'agit de modifier la décoration, réaménager certaines pièces ou refaire des peintures afin de donner un air beaucoup plus neutre au logement et ne pas hésiter à remplacer certains aménagements trop personnalisés qui risquent de déplaire aux futurs acquéreurs.

 **Avis du pro**

« Parmi les activités un peu originales, citons le *home staging*, activité consistant à améliorer le look et la décoration d'un appartement ou d'une maison à vendre ou à louer pour trouver plus facilement des acquéreurs. »

Sandrine Wehrli,
Directrice Création-Transmission-CFE à l'Assemblée des Chambres françaises
de commerce et d'industrie (ACFCI).

Les implications du choix de l'activité

La question de la nature de l'activité que vous souhaitez développer est essentielle. De la nature de votre activité découlent de nombreuses implications :

5

- Votre activité détermine le code APE (activité principale de l'entreprise) qui vous est attribué. Ce code sert surtout à l'établissement de statistiques par l'INSEE (Institut national de la statistique et des études économiques). Il est primordial que votre code APE reflète la nature de votre activité réelle afin que les dispositions relatives au statut de l'auto-entrepreneur vous soient correctement appliquées.
- Le plafond de chiffre d'affaires annuel autorisé dépend de votre activité.
- Le taux de cotisations sociales et le taux d'imposition auxquels vous serez soumis dépendent de votre activité.
- Votre régime de retraite dépend de votre activité.
- Si votre activité appartient à un secteur réglementé, il faut que vous ayez les diplômes ou compétences requis.
- Certaines activités sont exclues du dispositif de l'auto-entrepreneur (les activités agricoles par exemple). Assurez-vous que l'activité que vous souhaitez développer est autorisée par la loi.

2. QUELS SONT LES PLAFONDS DE CHIFFRE D'AFFAIRES À NE PAS DÉPASSER ?

Le régime de l'auto-entrepreneur exige de ne pas dépasser certains montants de chiffre d'affaires annuels. Il existe deux plafonds différents selon la nature de l'activité exercée. Il est important de bien distinguer ces types d'activité car les plafonds de chiffre d'affaires diffèrent selon les cas. Les montants des plafonds de chiffre d'affaires sont révisés chaque année (ceux indiqués sont valables pour 2009).

Des activités limitées à 80 000 € ou 32 000 € de chiffre d'affaires

Un plafond de 80 000 € par an s'applique aux chiffres d'affaires des activités suivantes[1] :
- vente de marchandises : achats d'objets ou de produits pour les revendre en l'état (vêtements, objets décoratifs, etc.) ;

---

1. Source : www.lautoentrepreneur.fr.

- fabrication d'un produit à partir de matières premières (farine, métaux, bois, céramique, etc.) pour le revendre (boulangerie, fabrication de bijoux fantaisie, etc.) ;
- vente de denrées à consommer sur place ou à emporter (café, plats cuisinés, restaurant, etc.) ;
- prestations d'hébergement (chambres d'hôte, etc.).

Un plafond de 32 000 € par an s'applique aux chiffres d'affaires activités suivantes :

- réalisation de prestations sur un produit fourni par le client (la réparation d'ordinateurs par exemple). On admet que le prestataire puisse fournir des produits accessoires (le tailleur fournit du fil et des boutons alors que le tissu est fourni par son client) ;
- revente de biens incorporels (vente par téléchargement de programmes informatiques par exemple) ;
- travaux immobiliers (peintre en bâtiment, électricien, etc.) ;
- services à la personne (petit bricolage, garde malade, etc.) ;
- activités libérales (architecte d'intérieur, modéliste, conseil en organisation, paysagiste, etc.).

Un plafond pour les activités « mixtes »

 **À noter**

Nature de l'activité et plafond autorisé

De nombreux forums de discussion sont apparus sur le net. En effet, beaucoup de futurs auto-entrepreneurs se demandent quelle est la nature de leur activité (commerciale, de services ou libérale) afin de déterminer le plafond à ne pas dépasser.

Parfois, il s'avère difficile d'affecter une activité dans la bonne catégorie. Un exemple qui a occupé de nombreux internautes au début de l'année 2009 est celui de la fabrication et de la revente de bijoux fantaisie.

Ce cas a été résolu dans la version remaniée du *Guide de l'auto-entrepreneur* : fabriquer des bijoux fantaisie relève d'une activité artisanale, mais fabriquer des objets pour les revendre fait partie des activités dont le plafond est fixé

5

> à 80 000 €. Le plafond de 80 000 € s'applique aux ventes de bijoux fantaisie, mais aussi à la fabrication de ces bijoux destinée à la revente. Vous êtes dans le même cas de figure si vous fabriquez des vêtements pour les revendre.

En cas d'**activités mixtes**, tel un peintre en bâtiment qui facture également des équipements ménagers (cuisine, salle de bains), le chiffre d'affaires global toutes activités confondues est plafonné à 80 000 € et, sur ce montant, le chiffre d'affaires résultant des prestations de services (hors revente de matériel) ne doit pas dépasser 32 000 €.

 En résumé

Les plafonds de chiffre d'affaires

Le plafond annuel de 80 000 € s'applique en 2009 aux activités de vente (objets décoratifs, meubles, vêtements, etc.), aux prestations d'hébergement, à la fabrication d'objets pour revendre (bijoux fantaisie, petits sacs en toile, etc.), et correspond à un chiffre d'affaires mensuel moyen de : 80 000 € : 12 = 6 667 €.

Le plafond annuel de 32 000 € s'applique en 2009 à des prestations de services (architecte d'intérieur, modéliste, conseil en organisation, paysagiste, traducteur), de services à la personne (petit bricolage, etc.), et correspond à un chiffre d'affaires mensuel moyen de : 32 000 € : 12 = 2 667 €.

Chaque année, les plafonds sont révisés à la hausse.

Un dispositif de tolérance en cas de dépassement des plafonds

Il existe un dispositif de tolérance en cas de dépassement des plafonds. Jusqu'à 88 000 € ou 34 000 €, le régime de l'auto-entrepreneur peut être maintenu encore pendant deux ans (année de dépassement et année suivante). Ce dispositif a été mis en place afin qu'un éventuel changement de régime de l'auto-entreprise vers celui de la micro-entreprise classique puisse se faire en douceur[1].

---

1. Voir au chapitre 8, p. 174.

 **À noter**

**Si vous commencez votre activité en cours d'année civile,
le plafond est proratisé.**

Le plafond de chiffre d'affaires s'applique au prorata de la période d'activité.

Exemple 1

Chantal est devenue auto-entrepreneur le 1er juillet 2009. Elle est passionnée de mode et a décidé de fabriquer des jouets en tissu pour les revendre. Son activité relève de la catégorie dont le plafond de chiffre d'affaires annuel est de 80 000 €. Elle va exercer son activité d'auto-entrepreneur pendant 6 mois (du 1er juillet au 31 décembre 2009). Son chiffre d'affaires pour l'année civile 2009 ne devra pas dépasser :
80 000 € x (6 : 12) = 40 000 €.

Exemple 2

Arthur a démarré son activité de conseil en informatique le 1er avril 2009. Étant donné que son activité est libérale, son plafond de chiffre d'affaires annuel est de 32 000 €. Pour l'année 2009, le seuil à ne pas dépasser sera de :
32 000 € x (3 : 4) = 24 000 €.

3. ■ LES ACTIVITÉS EXIGEANT UNE QUALIFICATION PROFESSIONNELLE

Certaines activités sont réglementées : vérifiez que vous avez la compétence ou les diplômes requis pour les exercer.

 **Zoom sur...**

... La liste des activités réglementées soumises à qualification professionnelle

I. Entretien et réparation des véhicules et des machines : réparateur d'automobiles, carrossier, réparateur de cycles et motocycles, réparateur de matériels agricoles, forestiers et de travaux publics.

II. Construction, entretien et réparation des bâtiments : métiers de gros œuvre, de second œuvre et de finition du bâtiment.

5

III. Mise en place, entretien et réparation des réseaux et des équipements utilisant les fluides ainsi que des matériels et équipements destinés à l'alimentation en gaz, au chauffage des immeubles et aux installations électriques : plombier, chauffagiste, électricien, climaticien et installateur de réseaux d'eau, de gaz ou d'électricité.

IV. Ramonage : ramoneur.

V. Soins esthétiques à la personne autres que médicaux et paramédicaux et modelages esthétiques de confort sans finalité médicale : esthéticien.

VI. Réalisation de prothèses dentaires : prothésiste dentaire.

VII. Préparation ou fabrication de produits frais de boulangerie, pâtisserie, boucherie, charcuterie et poissonnerie, préparation ou fabrication de glaces alimentaires artisanales : boulanger, pâtissier, boucher, charcutier, poissonnier et glacier.

VIII. Activité de maréchal-ferrant : maréchal-ferrant.

Activités mentionnées à l'article 16 de la loi du 5 juillet 1996.
Source : Le Guide de l'auto-entrepreneur, ministère de l'Économie, de l'Industrie et de l'Emploi, secrétariat d'État chargé du Commerce, de l'Artisanat, des Petites et Moyennes Entreprises, du Tourisme et des Services et de la Consommation

Pour savoir si vous relevez ou non d'une activité réglementée, il est bon de vérifier auprès des Chambres de commerce et d'industrie ou auprès des Chambres des métiers et de l'artisanat si l'activité que vous envisagez d'exercer est soumise à une réglementation.

4. LES ACTIVITÉS LIBÉRALES RELEVANT DU RSI ET DE LA CIPAV

Il a été précisé auparavant que seules les professions libérales relevant de deux caisses de retraite pouvaient avoir accès au statut de l'auto-entrepreneur : le RSI (Régime social des indépendants) et la CIPAV (Caisse interprofessionnelle de prévoyance et d'assurance vieillesse)[1].

Il faut distinguer les activités libérales relevant du RSI et celles affiliées à la CIPAV. Afin de mieux appréhender les activités dont dépendent les ad-

---

1. Voir au chapitre 3.

hérents des deux caisses, il nous a semblé intéressant d'indiquer les listes concernant chacune d'entre elles. En effet, les auto-entrepreneurs ne savent parfois pas de quelle caisse ils dépendent. Rappelons en particulier que les taux de cotisations sociales et fiscales sont différents selon que l'activité relève du RSI ou de la CIPAV, respectivement 23,5 % et 20,5 %.

Les activités affiliées au RSI à titre social et relevant fiscalement des BNC[1]

Le portail du RSI fait apparaître une liste d'entrepreneurs individuels exerçant une activité artisanale, industrielle ou commerciale et qui sont totalement affiliés au RSI pour leur protection sociale, c'est-à-dire au titre de l'assurance-maladie mais également pour leur assurance vieillesse.

Toutefois, fiscalement, une partie de ces activités relève de la catégorie des bénéfices non commerciaux (BNC). Le Centre de formalités des entreprises (CFE) de rattachement est donc l'URSSAF.

 À noter

Liste indicative des activités affiliées au RSI

- Les astrologues, voyants et autres sciences occultes.
- Les cartomanciens.
- Les guérisseurs, magnétiseurs et rebouteux.
- Les adjudicataires de droits communaux (« placiers » sur les marchés).
- Les agents commerciaux : en règle générale, leurs revenus relèvent de la catégorie des BNC.
- Les intermédiaires du commerce et de l'industrie : les « représentants libres » ou « représentants mandataires » exercent des fonctions voisines de celles des agents commerciaux. À ce titre ils sont imposés en tant que BNC.
- Les exploitants d'auto-école : lorsque l'activité est exercée à titre individuel, ils sont imposés en tant que BNC dès lors qu'ils se consacrent essentiellement à la direction de leur établissement [...] tout en dispensant eux-mêmes une partie de l'enseignement.

---

1. Source : *Le Guide de l'auto-entrepreneur*, ouvrage déjà cité.

5

- Les créateurs publicitaires tels que les dessinateurs ou les illustrateurs non liés à des agents de publicité ou à des annonceurs par des contrats de travail.
- Les journalistes occasionnels : les rémunérations qu'ils perçoivent au titre de leur collaboration occasionnelle à des journaux ou revues ont le caractère de BNC.
- Les négociateurs et démarcheurs immobiliers : [...] ceux qui sont liés aux intermédiaires (les agences immobilières en l'espèce) par un contrat de mandat qui leur permet notamment d'exercer une autre activité, profession ou commerce, et qui ont le statut de travailleurs indépendants.

Attention : cette liste est indicative. La qualification fiscale en catégorie BNC tient compte des activités mais aussi des conditions concrètes d'exercice de ces activités. En cas de doute sur la catégorie, prenez contact avec les services fiscaux.

Citée dans Le Guide de l'auto-entrepreneur,
ministère de l'Économie, de l'Industrie et de l'Emploi.

Les activités libérales relevant de la CIPAV

Les activités libérales relevant de la Caisse interprofessionnelle de prévoyance et d'assurance vieillesse (CIPAV) peuvent exercer sous le régime d'auto-entrepreneur depuis le 19 février 2009. Voici la liste des principales professions libérales relevant de la CIPAV, liste qui peut être consultée sur le site : www.cipav-retraite.fr.

A

Accompagnateur de groupes
Accompagnateur en moyenne montagne
Administrateur provisoire
Agent privé de recherches
Aide relationnelle
Analyste programmeur
Animateur d'art
Animateur speaker

Architecte
Architecte d'intérieur
Architecte naval
Assistant aéroportuaire (agent de sécurité, vigile)
Assistant social
Attaché de presse
Auteur de mots croisés

C

Capitaine expert
Caricaturiste
Cartographe
Céramiste
Chargé d'enquête
Ciseleur
Coach
Coach sportif
Coloriste
Concepteur
Conférencier
Conseil artistique
Conseil commercial
Conseil de gestion
Conseil de sociétés
Conseil d'entreprise
Conseil en brevet d'invention
Conseil en communication
Conseil en formation
Conseil en informatique
Conseil en management
Conseil en marketing
Conseil en organisation
Conseil en publicité
Conseil en relations publiques
Conseil ergonome
Conseil financier
Conseil littéraire
Conseil logistique
Conseil médical
Conseil qualité comptable
Conseil scientifique
Conseil social

Conseil technique
Coordinateur
Coordinateur de travaux
Correspondant local de presse
Créateur d'art

D

Décorateur
Décorateur conseil
Décorateur ensemblier
Designer
Dessin chirurgical
Dessin de bijoux
Dessin de publicité
Dessinateur
Dessinateur industriel
Dessinateur projeteur
Dessinateur technique
Documentaliste

E

Économiste conseil
Économiste de la construction
Écrivain public
Éducateur
Émailleur
Enquêteur social
Entraîneur d'échecs
Entraîneur sportif
Ergothérapeute
Esthéticienne
Esthétique industrielle
Étalagiste
Études de marchés
Expert
Expert agricole

5

Expert automobiles
Expert en écritures
Expert en objets d'art
Expert forestier
Expert judiciaire
Expert maritime
Expert près les tribunaux
Expert tarificateur

F

Ferronnier d'art
Formateur

G

Géobiologiste
Géologue
Géomètre
Gérant de holding
Gérant de tutelle
Graphiste
Graphologue
Guide de montagne

H

Historien
Hôtesse d'exposition

I

Ingénierie informatique
Ingénieur conseil
Ingénieur du son
Ingénieur expert
Ingénieur informatique
Ingénieur œnologue
Ingénieur thermicien
Interprète
Inventeur
Inventoriste (pharmacie)

Investigateur

J

Joueur professionnel
Journaliste d'entreprise
Journaliste indépendant

L

Lecteur
Licier

M

Maître d'œuvre
Maître nageur
Manipulateur d'électrocardiologie
Mannequin
Maquettiste
Médecin conseil
Médiateur pénal
Métreur
Modèle
Modéliste
Moniteur
Moniteur de ski
Moniteur de voile
Mosaïste
Musicothérapeute

N

Naturaliste
Naturopathe
Noteur copiste
Nutritionniste

O

Ostéopathe

P

Paysagiste

Peintre sur soie
Photographe d'art
Pigiste
Pilote
Potier
Prédicateur
Professeur
Professeur de danse
Professeur de dessin
Professeur de langues
Professeur de musique
Professeur de sport
Professeur de tennis
Professeur de yoga
Psychanalyste
Psychologue conseil
Psychomotricien
Psychosociologue
Psychothérapeute

R
Rafting
Réalisateur audiovisuel

Rédacteur
Relieur d'art
Répétiteur
Restaurateur d'art

S
Scénographe
Secrétaire à domicile
Skipper
Sportif
Sténotypiste de conférence
Styliste

T
Topographe
Traducteur technique
Transcripteur
Travaux acrobatiques

U
Urbaniste

V
Vérificateur
Vigile

 Parole d'auto-entrepreneur

« J'ai toujours désiré me mettre à mon compte, être mon propre chef. Tout le monde me disait que c'était facile. Mais, je me suis rendu compte que cela était beaucoup plus subtil. Tout d'abord, j'ai interrogé un Centre de formalités des entreprises ; il m'a été répondu que toutes les informations étaient sur le net. Le conseil qui m'a été donné était de m'inscrire pour une activité artisanale. Or, je suis styliste et en me renseignant plus avant, j'ai pu constater que mon activité était mentionnée sur la liste des professions libérales de la CIPAV. Je me suis donc inscrite dans la case correspondante. »

Kristina Gisors, styliste à Paris.

5. LE CAS DES SERVICES À LA PERSONNE

Que sont les services à la personne ?

Le secteur des services à la personne fait partie des activités qui devraient fortement intéresser les auto-entrepreneurs. Ils regroupent l'ensemble des services contribuant au mieux-être des citoyens à leur domicile.

 **À noter**

Liste des services à la personne

- **Les services à la famille :** garde d'enfants, accompagnement des enfants dans leurs déplacements, soutien scolaire, cours à domicile, assistance informatique et Internet, assistance administrative, garde-malade, etc.

- **Les services de la vie quotidienne :** travaux ménagers, collecte et livraison de linge repassé, préparation de repas à domicile, livraison de repas ou de courses à domicile, petits travaux de jardinage, petit bricolage, gardiennage, entretien et surveillance temporaires des résidences principales et secondaires, mise en relation et distribution de services, etc.

- **Les services aux personnes dépendantes :** assistance aux personnes âgées, assistance aux personnes handicapées, aide à la mobilité et transport, accompagnement dans les promenades et les actes de la vie courante, conduite du véhicule personnel, soins esthétiques à domicile, soins et promenade d'animaux domestiques, etc.

Source : www.servicealapersonne.gouv.fr.

Des perspectives de croissance très prometteuses

Les services à la personne connaissent un fort développement, correspondant à une demande sociale élevée. Ce secteur emploie actuellement près de 3 millions de personnes. C'est le secteur d'activité dont la croissance est la plus forte. Il s'agit d'emplois de proximité. Les perspectives du secteur sont extrêmement prometteuses dans la mesure où les besoins à satisfaire sont immenses. Voici quelques chiffres publiés par l'Agence nationale des services à la personne qui montrent quels sont les gisements potentiels dans ce secteur :

- 300 000 foyers sont à la recherche d'une solution de garde pour leur enfant.
- 47 % des Français disposent d'un ordinateur à domicile.
- 16 millions de ménages entretiennent un jardin.
- Le nombre de personnes âgées va croissant.

 Exemple

Blandine, futur auto-entrepreneur, professeur de piano

Blandine est professeur de piano. Elle donne des cours au domicile de ses élèves. Elle travaillait jusqu'à présent avec le système de portage salarial. Sur les prestations fournies facturées par la société de portage, une part d'environ 50 % est prélevée (dont environ 10 % pour la société de portage et le reste pour les cotisations sociales). Par ailleurs, les cours de piano au domicile des élèves entrent dans le cadre des services à la personne et la société de portage a l'agrément pour faire bénéficier les parents des élèves de l'avantage de 50 % à déduire des impôts sur le revenu.

Blandine envisage d'adopter le statut d'auto-entrepreneur, ce qui lui permettrait de réduire ses charges sociales en particulier. Elle s'est renseignée auprès de l'Agence de services à la personne sur les conditions d'agrément afin d'obtenir personnellement un agrément.

Obtenir un agrément

Un agrément de la direction départementale du travail, de l'emploi et de la formation professionnelle (DDTEFP) est nécessaire pour faire bénéficier vos futurs clients des avantages fiscaux des services à la personne (crédit ou réduction d'impôt sur le revenu).

Pour l'obtenir, il vous faut disposer d'un formulaire spécifique auprès de votre Centre de formalités des entreprises ou sur le site dédié aux services à la personne : www.servicesalapersonne.gouv.fr.

Après avoir rempli le formulaire, il convient de l'adresser à la DDTEFP dont vous dépendez (ou par Internet) qui vous adressera un numéro d'agrément.

Pour aller plus loin...

... Sur les services à la personne

Vous obtiendrez des réponses à toutes vos questions pratiques sur les services à la personne :

– en contactant Services à la personne, bonjour ! au 32 11 (Tél.) ;
– ou en vous connectant sur le site www.servicesalapersonne.gouv.fr.

6. LES ACTIVITÉS EXCLUES ET DÉCONSEILLÉES

Les activités exclues

Les activités des auto-entrepreneurs doivent être rattachées au régime social des indépendants (RSI) ou au à la CIPAV.

Sont exclues toutes les activités qui relèvent du régime général de la Sécurité sociale et toutes celles qui relèvent de la Mutualité sociale agricole[1] :

– les activités relevant de la TVA agricole ;
– certaines activités commerciales ou non commerciales telles la location de matériels et de biens de consommation durable, les ventes de véhicules neufs dans les autres États membres de l'Union européenne ;
– les activités relevant de la TVA immobilière (opérations de marchands de biens, agents immobiliers) ;
– les officiers publics et ministériels ;
– la production littéraire ou scientifique ;
– les opérations sur les marchés à terme, options négociables et bons d'option.

Les activités déconseillées

Ce n'est pas inscrit dans la loi mais nous tenons à insister sur le point suivant : le régime de l'auto-entreprise n'est pas adapté aux activités néces-

---

1. Source : *Le Guide de l'auto-entrepreneur*, édité par le ministère de l'Économie, de l'Industrie et de l'Emploi.

sitant des investissements importants (du matériel coûteux, un local professionnel, etc.). En effet, d'une part, la TVA relative à ces matériels ne peut pas être récupérée (le régime enregistre les ventes hors TVA mais les achats TVA comprise : aucune déclaration ni récupération de TVA n'est possible pour l'auto-entrepreneur) ; d'autre part, aucun amortissement ne pourra être enregistré (cf. chapitre 1, p. 29, *Un régime inadapté dans certaines situations*).

VOTRE PROTECTION SOCIALE ET VOTRE RETRAITE DANS LE RÉGIME DE L'AUTO-ENTREPRENEUR

6

1. VOS DROITS À LA PROTECTION SOCIALE

La couverture sociale de l'auto-entrepreneur

L'activité d'auto-entrepreneur ouvre droit à une couverture sociale complète qui comprend les deux grands volets de la protection sociale, à savoir :
- l'assurance maladie-maternité ;
- les droits à la retraite (trimestres d'assurance validés et points de retraite).

Un régime simplifié de cotisations forfaitaires, calculées en pourcentage du chiffre d'affaires réalisé, assure cette couverture sociale.

 À noter

Les cotisations sociales sont calculées sur le chiffre d'affaires et non sur le bénéfice ou revenu professionnel net, calculé par différence entre le chiffre d'affaires et les charges, comme dans le cas des micro-entreprises où les entreprises commerciales et artisanales déclarent des bénéfices industriels et commerciaux (micro-BIC) et les prestataires de services déclarent des bénéfices non commerciaux (micro-BNC).

Que recouvre le forfait social ?

Le forfait recouvre toutes les cotisations sociales obligatoires, à savoir :
- la cotisation d'assurance maladie-maternité ;
- la cotisation supplémentaire d'indemnités journalières (sauf pour les activités relevant de la CIPAV pour lesquelles il n'existe pas d'indemnités journalières) ;
- la cotisation d'allocations familiales ;
- la CSG (contribution sociale de solidarité) et la CRDS (contribution au remboursement de la dette sociale) ;
- la cotisation assurance vieillesse pour la retraite de base ;
- la cotisation de retraite complémentaire ;
- la cotisation au régime invalidité décès (RID).

Le forfait ne comprend pas la contribution obligatoire à la formation professionnelle (CFP). Rappelons qu'en 2009, son montant annuel s'élève à 51 €.

2. VOS ORGANISMES SOCIAUX

Le système de couverture sociale des auto-entrepreneurs est assez complexe et difficile à comprendre dans son fonctionnement.

En fonction de l'activité exercée, les auto-entrepreneurs vont dépendre de différents organismes sociaux de rattachement :

- Le **RSI**, ou Régime social des indépendants, est chargé d'assurer les prestations et le recouvrement des cotisations sociales des travailleurs indépendants. Il est également chargé du volet retraite d'une grande partie des auto-entrepreneurs (à l'exception de ceux rattachés à la CIPAV, voir ci-dessous). Dépendent du RSI la plus grande partie des auto-entrepreneurs dont les activités sont : vente de produits, de fournitures, de denrées à emporter ou à consommer sur place, prestations d'hébergement, services à la personne (garde de personnes âgées, petit jardinage, cours de langue à domicile), activités artisanales, prestations de services (par exemple voyance, exploitation d'auto-école, sophrologie, etc.[1]).

---

1. Voir la liste au chapitre 5.

6

- La **CIPAV**, ou Caisse interprofessionnelle de prévoyance et d'assurance vieillesse, est la caisse de retraite de référence pour de nombreuses activités libérales : consultant en organisation, expert, professeur de dessin, interprète, coach, etc.[1].
- L'**URSSAF**, ou Union régionale de Sécurité sociale et d'allocations familiales, joue plusieurs rôles : d'une part, elle centralise les sommes relevant de la Sécurité sociale et de l'assurance vieillesse (régime de base), d'autre part, elle fait office de Centre de formalités des entreprises pour les auto-entrepreneurs exerçant une activité libérale.
- La **CAF**, ou Caisse d'allocations familiales.

 **Zoom sur...**

... La répartition des rôles entre les différents organismes sociaux pour les auto-entrepreneurs

Les cotisations

Le RSI est le seul interlocuteur des auto-entrepreneurs artisans commerçants, l'URSSAF est celui des professions libérales. Les cotisations seront ensuite réparties au niveau des régimes (transparent pour l'assuré).

Les prestations

Dans le cas où l'activité d'auto-entrepreneur est l'activité principale :

- les prestations maladie sont assurées par le RSI pour les différentes catégories d'activités d'auto-entrepreneur ;
- les prestations retraite sont assurées par le RSI pour les activités de vente de produits, de prestations d'hébergement, de services à la personne, les activités artisanales et certaines activités libérales (voir liste p. 124), et par la CIPAV pour la plupart des activités libérales (voir liste p. 125).

3. ZOOM SUR LA PROTECTION MALADIE-MATERNITÉ

Cette protection est gérée par le RSI (Régime social des indépendants) quelle que soit l'activité exercée par l'auto-entrepreneur.

---

1. Voir la liste au chapitre 5.

Les prestations maladie sont les mêmes que celles des travailleurs indépendants (médicaments, soins, hospitalisations).

Les droits aux indemnités journalières (qui ne s'appliquent pas aux auto-entrepreneurs ayant choisi une activité dépendant de la CIPAV) se calculent selon les mêmes formules que pour les travailleurs indépendants.

 Pour aller plus loin...

... Sur les prestations et cotisations sociales

Vous trouverez de plus amples informations sur les sites suivants :

– le site du RSI : www.le-rsi.fr ;

– le site de la CIPAV : www.cipav-berri.org.

En cas de cumul salarié et auto-entrepreneur

Si l'auto-entrepreneur a une activité principale salariée, il reste affilié à son régime salarié qui lui versera les remboursements de ses dépenses maladie, les prestations maternité et ses indemnités journalières de salarié.

Il paie deux fois ses cotisations sociales : une première fois au titre de salarié et une seconde fois au titre d'auto-entrepreneur.

En cas de cumul retraité et auto-entrepreneur

 ttention !

Risque de confusion sur les termes

Les organismes sociaux tels le RSI ou la CIPAV utilisent parfois les anciennes appellations concernant les travailleurs indépendants (commerçants, artisans) ou les professions libérales.

Or, l'auto–entrepreneur n'est ni un commerçant, ni un artisan ni un professionnel libéral. C'est un entrepreneur individuel qui a choisi le régime de l'auto–entrepreneur.

De même, si l'auto-entrepreneur est retraité, il reste affilié à son régime de Sécurité sociale de retraité (s'il est ancien salarié) qui lui versera les remboursements de ses dépenses maladie.

4. ZOOM SUR LES DROITS À LA RETRAITE

6

Rappel sur les retraites obligatoires en France

• Retraite de base et retraite complémentaire

Depuis la réforme Fillon sur les retraites en 2003, tous les travailleurs (salariés, indépendants, professionnels libéraux) cotisent obligatoirement à une retraite à deux étages :

- la retraite de base ;
- la retraite complémentaire.

• Départ en retraite

Plusieurs règles doivent être respectées :

- Pour pouvoir partir à la retraite («liquider sa retraite»), il faut avoir l'âge requis : retraite en principe à 60 ans.
- Pour bénéficier du taux plein dans le régime dit de base, il faut avoir validé 160 trimestres (40 ans) pour les assurés nés avant 1949. Pour ceux nés en 1949, 1950, 1951 et 1952, le nombre de trimestres requis passe respectivement à 161, 162, 163 et 164 trimestres.

• Montant de la retraite

Ce montant varie en fonction du nombre de trimestres validés, des revenus perçus lors de ses années d'activité professionnelle et du statut de chacun (salariat, commerçant, artisans, professionnel libéral).

Comment l'auto-entrepreneur peut-il valider des trimestres de retraite ? Quel chiffre d'affaires doit-il réaliser ?

Comme chaque personne ayant perçu des revenus d'activité (salarié, travailleur indépendant, fonctionnaire), l'auto-entrepreneur doit obligatoirement valider un certain nombre de trimestres pour pouvoir obtenir sa retraite à taux plein, c'est-à-dire à un niveau maximal pour la retraite de base.

• **La retraite de l'auto-entrepreneur**

Le principe est simple. Le nombre de trimestres validés pour la retraite de base future de l'auto-entrepreneur dépend de son revenu professionnel.

Un trimestre sera validé si le revenu de l'auto-entrepreneur (après un abattement forfaitaire pour charges) correspond au montant exigé des salariés. Pour la retraite de base des salariés, il faut un montant minimal de salaire pour valider un trimestre de retraite. Au 1er janvier 2009, ce montant minimum était fixé à 1 742 € de salaire brut trimestriel, soit 200 fois le SMIC horaire brut à cette date (8,71 € l'heure).

Pour valider un trimestre de retraite de base, il faut donc :

– soit, si l'on est salarié, avoir un salaire brut trimestriel de 1 742 € ;
– soit, si l'on est auto-entrepreneur, gagner un revenu professionnel net correspondant à ce montant de 1 742 € après déduction des charges. Les déductions forfaitaires (abattements) retenues sont celles pratiquées par le fisc dans le régime fiscal de la micro-entreprise (à savoir respectivement 71 % pour les commerçants, 50 % pour les artisans et prestataires de services et 34 % pour les professions libérales).

 Question/Réponse

Une question importante est souvent posée par les auto-entrepreneurs qui cumulent les statuts de salarié et d'auto-entrepreneur.

Q : Une personne cumulant plusieurs statuts (par exemple un salarié auto-entrepreneur) peut-elle, par année de travail, valider à la fois les quatre trimestres de retraite en tant que salariée et les quatre trimestres de retraite en tant qu'auto-entrepreneur ? Cela signifierait qu'une année compterait pour deux années pour le calcul des trimestres validés ! Qu'en est-il exactement ?

R : Oui, la personne va acquérir des trimestres dans les deux régimes. Au niveau de la retraite, les trimestres validés sont utilisés de la façon suivante :

6

- Pour bénéficier d'une retraite à taux plein avant 65 ans, il faut justifier d'un certain nombre de trimestres tous régimes confondus, nombre fixé en fonction de l'année de naissance (160 trimestres en 2008 ou 161 trimestres pour les assurés nés en 1949... ce qu'on appelle plus communément les 40 années de carrière) ou être dans une situation particulière (inapte au travail, ancien combattant, ancien déporté ou prisonnier de guerre, etc.). Ces périodes sont retenues dans la limite de quatre trimestres par année civile, même en cas d'activités simultanées relevant de différents régimes. À ce niveau, une année ne comptera que pour une année.

- Chaque régime paie une retraite en fonction des trimestres validés et des revenus cotisés dans chaque régime. À ce niveau-là, le régime salarié paiera une retraite pour les quatre trimestres cotisés en tant que salarié et le RSI paiera une retraite pour les quatre trimestres cotisés en tant qu'auto-entrepreneur.

• Le nombre de trimestres validés

Compte tenu des abattements pratiqués sur le revenu professionnel brut, on peut établir le nombre de trimestres qui seront validés en fonction du chiffre d'affaires. Un revenu professionnel, après abattement, de 1 742 € valide un trimestre de retraite de base (comme pour les salariés).

Le RSI (Régime social des indépendants) a établi des tableaux indiquant quel chiffre d'affaires permettrait de valider un, deux, trois ou quatre trimestres pour la retraite.

 En bref

Quel chiffre d'affaires réaliser pour valider un trimestre ou une année de retraite ?

Pour valider un trimestre d'assurance (retraite de base), l'auto-entrepreneur doit réaliser un chiffre d'affaires trimestriel avant abattement minimum de :
- 6 007 € s'il exerce une activité de vente de marchandises (6 007 € x 29 % =1 742 €, somme correspondant au revenu professionnel de l'auto-entrepreneur après abattement de 71 %) ;
- 3 484 € s'il exerce une activité de prestations de services relevant des BIC ;
- 2 640 € s'il exerce une activité de prestations de services relevant des BNC (activités libérales).

> Pour valider une année civile complète (4 trimestres de retraite), l'auto-entrepreneur doit réaliser un chiffre d'affaires annuel de :
>
> – 24 028 € s'il exerce une activité de vente de marchandises ;
>
> – 13 936 € s'il exerce une activité de prestations de services relevant des BIC ;
>
> – 10 560 € s'il exerce une activité de prestations de services relevant des BNC (activités libérales).
>
> **À noter :** un trimestre est validé la première année quel que soit votre chiffre d'affaires.

Selon la législation, quel que soit le montant du chiffre d'affaires réalisé, un trimestre de retraite est validé automatiquement lorsque l'activité a porté sur une année civile complète (du 1er janvier au 31 décembre). Aussi pour valider le premier trimestre d'activité, aucun chiffre d'affaires minimal n'est requis.

Par contre, pour valider deux trimestres, il est nécessaire d'avoir dégagé un chiffre d'affaires de 12 014 € (soit 6 007 € x 2) pour une activité commerciale, de 6 968 € (3 484 € x 2) pour des prestations de services BIC et de 5 280 € (2 640 € x 2) pour une activité libérale.

• Le cas particulier des auto-entrepreneurs adhérents à la CIPAV

Un bémol doit être apporté quant à la situation des auto-entrepreneurs rattachés à la CIPAV.

Aucune cotisation facultative n'est possible permettant de bénéficier ultérieurement d'une pension plus importante.

En effet, contrairement aux professionnels libéraux non auto-entrepreneurs adhérant à la CIPAV, les auto-entrepreneurs libéraux ne bénéficient pas de la possibilité de sauter un échelon et de cotiser plus (au-delà des revenus professionnels) pour engranger des points de retraite supplémentaires et en conséquence avoir une retraite plus élevée.

5. VOS OBLIGATIONS SOCIALES : LES COTISATIONS SOCIALES À PAYER

6

Les cotisations sociales se calculent sur le chiffre d'affaires.

Les conditions à remplir pour bénéficier du régime de l'auto-entrepreneur sont les suivantes :
- se situer en dessous des plafonds de chiffre d'affaires autorisés ;
- accepter le régime micro-social simplifié ;
- exercer une activité compatible avec le régime de l'auto-entrepreneur.

Pour information, de manière à pouvoir en souligner les différences avec le nouveau statut de l'auto-entrepreneur, il sera rappelé le régime social auquel est soumise la micro-entreprise (le régime micro-social).

Rappel sur les cotisations sociales de la micro-entreprise : le régime micro-social

Les entrepreneurs individuels (micro-entrepreneurs et non pas auto-entrepreneurs) sont soumis à un système dit « classique » ou micro-social. En voici les caractéristiques principales.

- **Les cotisations sociales sont calculées sur le revenu professionnel après déduction des charges**

Les cotisations sociales de la micro-entreprise sont calculées sur la base du chiffre d'affaires diminué d'une déduction forfaitaire (appelée « abattement »). L'abattement tient compte de diverses charges supportées pour l'exercice de l'activité de travailleurs indépendants (achats de produits, de fournitures, frais de déplacement et de transport, de téléphone, de stockage, etc.). L'abattement correspond à un pourcentage du chiffre d'affaires réalisé et est variable selon l'activité exercée :
- 71 % du chiffre d'affaires pour une activité d'achat revente ;
- 50 % du chiffre d'affaires pour les prestations de services ;
- 34 % du chiffre d'affaires pour les professions libérales.

En conséquence, les calculs des prélèvements de cotisations sociales se font sur des proportions de :

- 29 % du chiffre d'affaires pour une activité d'achat revente (100 % − 71 % d'abattement = 29 %);
- 50 % du chiffre d'affaires pour les prestations de services;
- 66 % du chiffre d'affaires pour les professions libérales.

• **Le taux global de cotisations sociales auquel est soumis le micro-entrepreneur correspond à celui des travailleurs non salariés** (TNS) soit environ 45 % du chiffre d'affaires après abattement.

• **Les cotisations sont à verser même en l'absence de chiffre d'affaires.** Dans le régime de la micro-entreprise, les cotisations sociales pendant les deux premières années d'activité sont calculées sur la base des revenus estimés. Elles sont par la suite régularisées en fonction des revenus réellement constatés.

• **Les cotisations sociales du travailleur indépendant (micro-entreprise) sont calculées avec des taux variables selon chaque risque** (assurance-maladie, retraite de base, etc.).

Par exemple, les taux de cotisations qui s'appliquent à un commerçant sur la base de son revenu professionnel (après abattement de 71 %) sont respectivement de : 6,5 % pour l'assurance-maladie (cotisation annuelle de 892 €), de 16,65 % pour la retraite de base, 6,5 % pour la retraite complémentaire et 5,4 % pour les allocations familiales.

 **À noter**

Rappels sur le « bouclier social » et le régime micro-social simplifié

Le bouclier social

Il existait un régime micro-social proposé aux micro-entreprises à compter du 1er janvier 2008 : le bouclier social. L'avantage du bouclier social consistait à plafonner automatiquement les cotisations sociales d'un entrepreneur individuel en micro-entreprise à un certain pourcentage de son chiffre d'affaires. Le taux des cotisations forfaitaires s'élevait à 14 % pour les activités de vente de produits ou de fourniture de logement, et à 24,6 % pour les activités de prestations de services. Ce régime micro-social avec bouclier social ne sera plus appliqué à compter du 1er janvier 2010.

Le régime micro-social simplifié

Le régime proposé aux auto-entrepreneurs est encore plus intéressant car les taux forfaitaires de cotisations sociales sont plus faibles.

Le régime micro-social simplifié

• Un forfait social calculé sur le chiffre d'affaires

Le montant des cotisations sociales à verser par l'auto-entrepreneur est calculé de façon forfaitaire (incluant toutes les cotisations), en fonction du chiffre d'affaires et du type d'activité :

- – 12 % pour une activité commerciale : vente de vêtements, d'objets de décoration, chambres d'hôtes, etc. ;
- – 21,3 % pour les prestations de services BIC : activité artisanale, services à la personne (petit jardinage, garde malade, etc.) ;
- – 21,3 % pour les activités libérales relevant du RSI : réflexologue, voyant, exploitant d'auto-école, radiesthésiste, négociateur immobilier indépendant, etc. ;
- – 18,3 % pour les activités libérales relevant de la CIPAV : moniteur de ski, consultant, coach, nutritionniste, etc.

Il s'agit d'une première différence avec le système de la micro-entreprise « classique », où les cotisations sociales sont calculées sur le revenu professionnel net (après un abattement forfaitaire variable selon la profession).

 Exemples

Exemple 1

David, auto-entrepreneur radiesthésiste, a facturé et encaissé 4 500 € au cours du 2ᵉ trimestre 2009. Le montant de ses cotisations sociales sera de :

4 500 € x 21,3 % = 958,50 €.

Ce chiffre est définitif et ne donnera pas lieu à régularisation ultérieure.

Exemple 2

Éléonore, auto-entrepreneur consultante, a dégagé un chiffre d'affaires de 6 500 € au 3ᵉ trimestre 2009. Ses cotisations sociales s'élèveront à :

6 500 € x 18,3 % = 1 189,50 €.

• La simplification du versement forfaitaire des cotisations sociales

Dans le dispositif de l'auto-entrepreneur, le système complexe des cotisations sociales à verser chaque année – et surtout avant le début de l'activité avec régularisation ultérieure – disparaît. L'auto-entrepreneur peut ainsi choisir de verser ses cotisations sociales tous les mois ou tous les trimestres, en même temps que sa déclaration de chiffre d'affaires. Ce changement proposé constitue une innovation importante et explique en partie le succès du statut d'auto-entrepreneur. Il donne en effet une lisibilité parfaite à l'auto-entrepreneur : pas de cotisations en l'absence de chiffre d'affaires.

 Question/Réponse

Q : Si mon activité d'auto-entrepreneur ne génère aucun revenu pendant quelques trimestres, que se passe-t-il pour le paiement de mes cotisations sociales ?

R : Dans le système du micro-social simplifié, le principe est clair : les cotisations reposent sur le chiffre d'affaires réalisé. S'il n'y a aucun chiffre d'affaires, il n'y a donc aucune cotisation sociale à verser.

Attention toutefois à ne pas rester trop longtemps sans activité. Après une période d'inactivité d'une année, le régime de l'auto-entrepreneur ne s'applique plus et vous basculez automatiquement sur le régime de la micro-entreprise.

L'auto-entrepreneur dispose ainsi d'un système lui permettant de mieux gérer son affaire en calculant avec plus de justesse le prix de revient de ses produits ou prestations, puisqu'il connaît en temps réel le montant des charges sociales qu'il doit verser chaque trimestre (ou chaque mois).

Voici un tableau synthétique comparant les systèmes de couverture sociale des auto-entrepreneurs et des micro-entreprises « classiques ».

Comparaison auto-entrepreneur et micro-entreprise « classique » pour les cotisations sociales		
	Auto-entrepreneur	**Micro-entreprise « classique »**
Dénomination du système social	Régime micro-social simplifié	Régime micro-social
Plafonds annuels de chiffre d'affaires	• 80 000 € (achats ventes) • 32 000 € (activités de services, activités libérales)	

Comparaison auto-entrepreneur et micro-entreprise «classique» pour les cotisations sociales		
	Auto-entrepreneur	**Micro-entreprise «classique»**
Caractéristiques principales du système	• Simplicité • Principe «pas d'activité, pas de cotisations à payer»	• Complexité • Cotisations à payer même si l'activité est faible • Régularisations ultérieures possibles
Cotisations sociales à verser au démarrage de l'activité sans qu'il n'y ait encore eu de facturation	Non	Oui • Pendant les deux premières années : cotisations forfaitaires estimées • Puis : régularisation la troisième année en fonction du revenu professionnel réel
Assiette des cotisations	Le chiffre d'affaires réalisé	Le revenu professionnel (revenu après déduction des charges)
Couverture sociale	Santé et retraite	
Périodicité des paiements des cotisations	Chaque trimestre (ou chaque mois)	Chaque année
Système de cotisations	Taux forfaitaire (toutes cotisations confondues) en % du chiffre d'affaires, variable selon l'activité : • 12 % pour la vente de produits et prestations d'hébergement ; • 21,3 % pour les services à la personne et activités artisanales ; • 21,3 % pour certaines activités libérales ; • 18,3 % pour les activités libérales (expert, paysagiste, interprète, etc.).	Chaque cotisation donne lieu à un calcul en % du revenu professionnel après abattement. Ainsi[1] : • 6,5 % : assurance-maladie ; • 5,4 % : allocations familiales ; • 16,65 % : retraite de base ; • 6,5 % : retraite complémentaire ; • 1,3 % : invalidité décès, etc. Le taux moyen de cotisations est de 45 % du revenu après abattement.
1. Les taux de cotisations sociales indiqués sont ceux applicables aux micro-entreprises dont l'activité dépend du RSI (Régime social des indépendants).		

À noter

**Différences entre le régime micro-social simplifié
de l'auto-entrepreneur et le régime micro-social de la micro-entreprise**

Au début de l'activité :

- **Un auto-entrepreneur** n'a pas de cotisation à verser en l'absence de chiffre d'affaires. Ses cotisations sont réglées lors de la déclaration trimestrielle ou mensuelle du chiffre d'affaires encaissé. Aucune régularisation ultérieure n'est à envisager.

- **Une micro-entreprise** verse des cotisations calculées selon un chiffre d'affaires estimé sur les deux premières années. Ensuite, une régularisation est possible.

Concernant le calcul des cotisations sociales :

- **Un auto-entrepreneur** calcule ses cotisations en pourcentage de son chiffre d'affaires.

- **Une micro-entreprise** calcule ses cotisations à partir de son revenu professionnel après un abattement forfaitaire tenant compte des frais professionnels.

6. LA COMPENSATION PAR L'ÉTAT

Dans le régime micro-social simplifié qui s'applique aux auto-entrepreneurs, le taux forfaitaire de cotisations ne couvre pas toutes les cotisations qui auraient été calculées selon la méthode de la micro-entreprise « classique » (régime micro-social) qui s'applique aux travailleurs indépendants. Cela signifie que les sommes versées pour assurer la protection sociale sont réduites en faveur des auto-entrepreneurs. Selon la législation, c'est l'État qui prend en charge l'écart entre les cotisations versées et les cotisations normalement dues par l'assuré (loi du 4 août 2008).

Pour chaque déclaration et encaissement de cotisations, un calcul comparatif est effectué par les organismes sociaux pour établir l'écart entre la méthode « classique » et la cotisation forfaitaire de l'auto-entrepreneur.

6

- Calcul des cotisations dues selon la « méthode classique » vue ci-dessus p. 141 avec cotisations calculées sur les revenus professionnels après abattement.
- Calcul des cotisations sociales de l'auto-entrepreneur en fonction du chiffre d'affaires.
- Répartition des cotisations sociales de l'auto-entrepreneur entre chaque risque après affectation à la CSG et la CRDS au prorata de chaque cotisation existante dans le calcul classique (voir p. 142).
- Calcul de la compensation par l'État : différence entre les cotisations réellement payées et celles qui auraient été dues dans le calcul « classique ».

 **À noter**

Le régime micro-social simplifié est favorable à l'auto-entrepreneur :

- Ses cotisations sociales peuvent être en partie exonérées (compensation de l'État).
- Les droits acquis pour la retraite des auto-entrepreneurs peuvent être plus élevés que ceux correspondant aux cotisations versées.

7. LA RÉPARTITION DES COTISATIONS SOCIALES SELON LES DIFFÉRENTS RISQUES ASSURÉS

Exemple[1] : Prenons le cas de Timothée, un auto-entrepreneur qui exerce une activité commerciale depuis le 1er janvier 2009. Son chiffre d'affaires annuel déclaré pour l'année 2009 est de 20 000 €.

- Taux forfaitaire applicable : 12 %.
- Cotisations dues selon le régime du micro-social simplifié : 20 000 € x 12 % = 2 400 €.

La répartition des cotisations entre les divers risques (maladie, retraites, etc.) est établie de la manière suivante :

---

1. Source : RSI, circulaire du 9 avril 2009.

– affectation de la CSG (contribution sociale généralisée) et de la CRDS (contribution au remboursement de la dette sociale) selon la méthode « classique » soit : 640 € + 43 € = 683 €, (5 800 € + 2 735 €) x 8 %.

– le sous-total restant va être réparti au prorata des sommes obtenues par la méthode « classique », soit : 2 400 € – 683 € = 1 717 €.

Rappel : dans la micro-entreprise, le calcul des cotisations sociales pour une activité commerciale est effectué en déduisant du revenu professionnel un abattement de 71 %, soit, pour le cas qui nous intéresse, un revenu net de : 20 000 € x 29 % = 5 800 €. Pour calculer le montant de la compensation de l'État, il faut établir le montant des cotisations sociales que Timothée aurait eu à payer s'il avait été micro-entrepreneur.

Les cotisations versées par Timothée vont être réparties selon les risques assurés comme dans le tableau ci-dessous.

Cotisations sociales versées, compensation de l'état et droits validés de Timothée, répartis selon les risques assurés			
	Cotisations virtuelles calculées selon la méthode de calcul « classique » (a)	**Cotisations versées réparties selon les risques assurés (b)**	**Compensation par l'État** **(a) – (b)**
Total	3 418 €	2 399 €	1 019 €
CSG + CRDS	683 €	683 €	-
Sous-total cotisations avant répartition[1]	2 735 €	1 716 €	1 019 €
Maladie	892 €	560 €	332 €
Indemnités journalières	96 €	60 €	36 €
Allocations familiales	313 €	196 €	117 €
Retraite de base	966 €	606 €	360 €
Retraite complémentaire	377 €	237 €	140 €
Invalidité décès	91 €	57 €	34 €
1. Sous-total avant répartition entre les cotisations après imputation sur la CSG et la CRDS.			

Dans l'exemple ci-dessus, les cotisations effectivement payées par l'auto-entrepreneur pour sa retraite de base sont de 606 €. La compensation de l'État est de 360 €. Les droits sont validés à hauteur de 966 €.

Pour la retraite complémentaire, les cotisations effectivement payées par l'auto-entrepreneur s'élèvent à 237 €. La compensation de l'État est de 140 €. Les points de retraite sont calculés sur la base de 377 €.

 À noter

La répartition des cotisations sociales dans le régime du micro-social simplifié

Les cotisations sociales versées par l'auto-entrepreneur font l'objet d'un traitement statistique qui détermine la part revenant à chaque risque obligatoire (assurance maladie–maternité, retraite de base, retraite complémentaire, etc.). La répartition est effectuée entre chaque risque – après affectation à la CSG et la CRDS – au prorata de chaque cotisation existante dans le calcul « classique ».

Juste pour information, sachez que, de même que dans les statuts de commerçant et d'artisan, **les conjoints collaborateurs** mariés ou pacsés de l'auto-entrepreneur peuvent bénéficier d'une couverture sociale. Renseignez-vous auprès de vos organismes sociaux.

8. DES COTISATIONS RÉDUITES POUR LES DEMANDEURS D'EMPLOI ÉLIGIBLES À L'ACCRE

Les demandeurs d'emploi éligibles à l'ACCRE (aide aux chômeurs créateurs repreneurs d'une entreprise) qui créent leur activité d'auto-entrepreneur à compter du 1er mai 2009 bénéficient de taux spécifiques pour leurs cotisations sociales[1]:

- Taux égal au quart du taux normal de cotisation pour la 1re année d'activité.

---

1. Voir au chapitre 3, p. 67.

- Taux égal à la moitié du taux de cotisation pour la 2ᵉ année d'activité.
- Taux égal aux trois-quarts du taux de cotisation normal pour la 3ᵉ année d'activité.
- Taux normal à partir de la 4ᵉ année.

 Exemple

Gérard est demandeur d'emploi éligible à l'ACCRE. Auto-entrepreneur, il vient, le 15 mai 2009, de créer son activité de vente de jouets. Le taux normal de cotisations sociales pour cette activité est de 12 % du chiffre d'affaires. Gérard va bénéficier d'un taux de 3 % de cotisations sociales la première année d'activité, de 6 % la seconde année d'activité, puis de 9 % la troisième année d'activité. Lors de la quatrième année d'activité, le taux de cotisations sociales auquel sera soumis Gérard atteindra le taux normal : 12 %.

9. LA DÉCLARATION ET LE PAIEMENT DES COTISATIONS SOCIALES

L'auto-entrepreneur remplit une déclaration de son chiffre d'affaires et, simultanément, verse ses cotisations sociales calculées selon les ventes de chaque trimestre ou bien de chaque mois. Plus précisément, les déclarations de chiffres d'affaires et de cotisations dues devront être envoyées chaque trimestre ou chaque mois :

- pour le paiement trimestriel : les 30 avril, 31 juillet, 31 octobre et 31 janvier ;
- pour le paiement mensuel : le dernier jour de chaque mois suivant celui auquel le paiement se rapporte.

Au démarrage de votre activité, la première déclaration de chiffre d'affaires et le premier versement de cotisations sociales vont couvrir une période plus large qu'une période normale d'activité. Par exemple, si vous avez choisi une périodicité trimestrielle, votre première déclaration trimestrielle portera sur la période comprise entre le début d'activité et la fin du trimestre civil qui suit : si vous commencez votre activité d'auto-entrepreneur le

20 juillet 2009, votre première déclaration et votre premier règlement de cotisations sociales auront lieu le 31 janvier 2009.

6

 ## Exemple

Yvon, auto-entrepreneur, qui achète et revend des produits de bien-être, a commencé son activité en février 2009. Sa première déclaration de chiffre d'affaires s'est faite au 31 juillet 2009. Il a calculé, pour cette échéance, le montant des factures établies et encaissées au deuxième trimestre 2009. Son chiffre d'affaires a atteint 7 000 € hors taxes.

Les cotisations dues dans ce cas s'élèvent à :
7 000 € x 12 % = 840 €.

Yvon a donc envoyé sa déclaration de chiffre d'affaires (7 000 €) en mentionnant les cotisations dues (840 €) et en effectuant le paiement (à savoir 840 €) en ligne.

Le formulaire de déclaration mentionne :
- le montant du chiffre d'affaires réalisé au cours de la période écoulée (trimestre ou mois) ;
- le montant des cotisations sociales correspondantes calculé par l'auto-entrepreneur en appliquant le taux de cotisations dépendant de son activité.

L'auto-entrepreneur peut choisir de déclarer et payer en ligne ses cotisations sur le portail officiel : www.lautoentrepreneur.fr.

Si le chiffre d'affaires est nul, il n'est pas nécessaire d'adresser une déclaration.

 ## En bref

Le régime micro-social simplifié
Conditions :
- Être un auto-entrepreneur.
- Réaliser un chiffre d'affaires plafonné à 80 000 € pour la vente de marchandises, et à 32 000 € pour les prestations de services.

- Intérêts :
- Régler les cotisations sociales une fois le chiffre d'affaires encaissé : les cotisations sociales sont réglées en même temps que la déclaration mensuelle ou trimestrielle du chiffre d'affaires réalisé.
- Pas d'activité : pas de cotisations sociales.
- Pas de régularisation ultérieure.

Des cotisations forfaitaires selon l'activité :

- 12 % pour les activités de vente.
- 21,3 % pour les prestations de services et certaines activités libérales relevant du RSI.
- 18,3 % pour les activités libérales relevant de la CIPAV.

Une couverture sociale complète :

- Le forfait de cotisations sociales comprend l'assurance maladie-maternité, les allocations familiales, la contribution sociale généralisée (CSG) et la contribution au remboursement de la dette sociale (CRDS), la retraite de base et la retraite complémentaire.

10. QUIZ : LA COUVERTURE SOCIALE DE L'AUTO-ENTREPRENEUR

Questions

1. Si son activité ne génère aucun chiffre d'affaires, l'auto-entrepreneur doit-il verser des charges sociales ?

❑　Oui

❑　Non

2. S'il arrête son activité, l'auto-entrepreneur doit-il continuer à payer des cotisations l'année suivante ?

❑　Oui

❑　Non

6

3. **L'auto-entrepreneur peut-il valider des trimestres d'assurance pour sa retraite ?**

❑　Oui

❑　Non

4. **Le forfait de cotisations sociales couvre-t-il les risques suivants : maladie-maternité, retraite de base, retraite complémentaire ?**

❑　Oui

❑　Non

5. **Un auto-entrepreneur qui fabrique des objets de décoration pour les revendre et un auto-entrepreneur qui donne des cours d'informatique à domicile auront-ils un même taux de cotisations sociales ?**

❑　Oui

❑　Non

6. **L'auto-entrepreneur doit-il régler ses cotisations sociales chaque année, chaque trimestre ou chaque mois ?**

❑　Chaque année

❑　Chaque trimestre

❑　Chaque mois

7. **Par rapport au régime micro-social de la micro-entreprise, l'auto-entrepreneur bénéficie-t-il d'un régime plus souple ?**

❑　Oui

❑　Non

8. **Quelle est l'assiette des cotisations sociales pour l'auto-entrepreneur ?**

❑　Son revenu professionnel après abattement

❑　Son chiffre d'affaires

Réponses

1. Non. L'auto-entrepreneur n'a pas à verser de cotisations sociales s'il n'enregistre aucun chiffre d'affaires. Le principe de base du régime micro-social simplifié est le suivant : pas d'activité, pas de charges sociales. Toutefois, en l'absence de chiffre d'affaires déclaré pendant un an, le régime d'auto-entrepreneur ne s'applique plus.

2. Non. L'auto-entrepreneur règle ses cotisations sociales au fur et à mesure de son activité déclarée chaque trimestre ou chaque mois. Il est constamment à jour de ses charges sociales. En conséquence, lorsqu'il fait une déclaration de cessation d'activité, il règle les cotisations dues s'il y a eu une activité enregistrée pendant la période précédente (trimestre ou mois). Il n'y a pas de régularisation des cotisations ultérieurement (comme cela est le cas pour les micro-entreprises).

3. Oui. Pour valider une année civile complète (4 trimestres de retraite), l'auto-entrepreneur doit réaliser un chiffre d'affaires annuel de :
- 24 028 € s'il exerce une activité de vente de marchandises ;
- 13 936 € s'il exerce une activité de prestations de services relevant des BIC ;
- 10 560 € s'il exerce une activité de prestations de services relevant des BNC (activités libérales).

4. Oui. Le forfait social comprend : assurance maladie-maternité, retraite de base, retraite complémentaire, décès invalidité, CSG, CRDS… ce qu'il ne comprend pas : formation professionnelle obligatoire + indemnités journalières pour les adhérents CIPAV.

5. Non. L'auto-entrepreneur qui fabrique des objets de décoration pour les revendre bénéficie d'un taux de cotisations sociales de 12 %, alors que celui qui donne des cours d'informatique (services à la personne) se voit appliquer un taux de cotisations sociales de 21,3 %.

6. Chaque trimestre ou chaque mois. L'auto-entrepreneur doit régler ses cotisations sociales en même temps que sa déclaration de chiffre d'affaires chaque trimestre ou chaque mois.

7. Oui. L'auto-entrepreneur bénéficie en effet du régime micro-social simplifié. Dans ce régime, le système complexe des cotisations sociales à verser chaque année et surtout avant le début de l'activité avec une régularisation ultérieure disparaît. L'auto-entrepreneur a ainsi la possibilité de choisir de verser ses cotisations sociales tous les mois ou tous les trimestres, en même temps que sa déclaration de chiffre d'affaires.Ce changement par rapport au régime micro-social de la micro-entreprise donne en effet une lisibilité parfaite à l'auto-entrepreneur : pas de cotisations en l'absence de chiffre d'affaires.

8. Son chiffre d'affaires. L'assiette des cotisations sociales dans le régime micro-social simplifié de l'auto-entrepreneur est le chiffre d'affaires réalisé.

6

LA FISCALITÉ DE L'AUTO-ENTREPRENEUR : LE RÉGIME MICRO-FISCAL

1. LA PARTICULARITÉ DU RÉGIME MICRO-FISCAL

Comme pour tout revenu d'activité professionnelle (salaire, traitement, etc.), le revenu d'activité de l'auto-entrepreneur est soumis à l'impôt sur le revenu.

Mais le régime micro-fiscal de l'auto-entrepreneur lui offre la possibilité de payer l'impôt sur le revenu relatif à son activité professionnelle d'auto-entrepreneur selon un dispositif simple et avantageux :

- Il s'agit du paiement de l'impôt sur le revenu à la source : le règlement a lieu dès qu'un chiffre d'affaires trimestriel (ou mensuel) est enregistré.
- Le règlement est libératoire de l'impôt sur le revenu : aucun impôt ne sera demandé par la suite à l'auto-entrepreneur sur ses revenus professionnels.
- Le taux du versement libératoire représente un pourcentage relativement faible du chiffre d'affaires réalisé.

Lors de sa déclaration de début d'activité (au volet n° 8), il est demandé à l'auto-entrepreneur de cocher ou non la case « Option pour le versement libératoire de l'impôt sur le revenu calculé sur le chiffre d'affaires ou les recettes ».

Deux options s'offrent donc à l'auto-entrepreneur :

- opter pour le système du versement libératoire de l'impôt sur le revenu ;

– ne pas opter pour ce système. Dans ce dernier cas, l'auto-entrepreneur est soumis au régime fiscal de la micro-entreprise classique (cf. ci-après, p. 165).

2. L'OPTION POUR LE VERSEMENT LIBÉRATOIRE DE L'IMPÔT SUR LE REVENU

Une innovation fiscale

Un régime forfaitaire d'imposition est proposé dans le régime de l'auto-entrepreneur. Il peut se libérer de son impôt sur le revenu lié à son activité professionnelle d'auto-entrepreneur en versant tous les mois ou tous les trimestres (en même temps que sa déclaration de chiffre d'affaires et que le versement de ses cotisations sociales)un pourcentage faible de son chiffre d'affaires : il s'agit du versement libératoire de l'impôt sur le revenu.

Un forfait libératoire et versé à la source

Deux nouveautés sont à noter :
- L'impôt sur le revenu de l'activité de l'auto-entrepreneur est versé à la source (les revenus de 2009 sont payés en 2009) contrairement au système classique des bénéfices industriels et commerciaux (BIC) ou des bénéfices non commerciaux (BNC). Dans le système de la micro-entreprise, les impôts sur le revenu de 2008 sont à payer en 2009 et c'est seulement en 2010 que seront payés les impôts sur le revenu 2009.
- Les cotisations fiscales sont réglées à titre définitif : aucune régularisation ne sera faite ultérieurement.

Les différents taux forfaitaires libératoires de l'impôt sur le revenu

Le taux forfaitaire libératoire de l'impôt sur le revenu est particulièrement avantageux puisqu'il varie selon l'activité entre 1 % et 2,2 % du chiffre d'affaires.

Le taux de cotisations fiscales forfaitaires dépend en effet de la nature de votre activité. Il est fixé à :

- 1 % pour les auto-entrepreneurs ayant une activité de vente, de fabrication d'objets destinés à la vente, ou proposant des prestations d'hôtellerie (gîtes ruraux, etc.) ;
- 1,7 % pour les auto-entrepreneurs ayant une activité de prestataires de services à la personne (garde d'enfant, travaux ménagers à domicile, etc.), ou un métier artisanal (bâtiment, plomberie, électricien, etc.),
- 2,2 % pour les travailleurs indépendants dont l'activité relève fiscalement des BNC et qui dépendent du régime de retraite du RSI : astrologue, négociateur immobilier indépendant, etc.
- 2,2 % pour les auto-entrepreneurs exerçant une activité libérale relevant de la CIPAV : expert automobile, interprète, paysagiste, coach, consultant, architecte d'intérieur, journaliste occasionnel, etc.

Une option soumise à condition

Pour avoir le droit d'utiliser le dispositif du versement libératoire, l'auto-entrepreneur doit respecter une condition de revenu : avoir un revenu fiscal de référence inférieur au seuil de 25 195 €[1].

Quand payer les charges fiscales ?

L'auto-entrepreneur qui a choisi l'option va calculer et effectuer son versement libératoire d'impôt sur le revenu en même temps que sa déclaration d'activité (chiffre d'affaires) et que le versement de ses cotisations sociales.

• Le versement d'un forfait comprenant les charges sociales et fiscales

Étant donné que les cotisations sociales et l'impôt sur le revenu sont calculés de façon forfaitaire en pourcentage du chiffre d'affaires, il suffit d'additionner les taux respectifs relatifs à chaque type d'activité pour savoir quel est le forfait global (charges sociales et fiscales) qui s'applique.

---

1. Voir ci-après p. 162 les détails concernant le revenu fiscal de référence.

Cotisations sociales et fiscales de l'auto-entrepreneur versées chaque trimestre (ou chaque mois) en même temps que la déclaration de chiffre d'affaires (en % du chiffre d'affaires)		
	Régime micro-social simplifié taux forfaitaire de cotisations (a)	Régime micro-fiscal[1] taux forfaitaire de l'impôt sur le revenu (b)	Total des charges sociales et fiscales[1] (a) + (b)
Ventes de marchandises (catégorie BIC[2])	12%	1%	13%
Prestations de services (catégorie BIC)	21,3%	1,7%	23%
Professions libérales relevant du RSI (catégorie BNC[3])	21,3%	2,2%	23,5%
Professions libérales relevant de la CIPAV (catégorie BNC)	18,3%	2,2%	20,5%

1. Si le dispositif du versement forfaitaire libératoire est applicable.
2. BIC : bénéfices industriels et commerciaux.
3. BNC : bénéfices non commerciaux.

L'auto-entrepreneur est donc soumis à un taux forfaitaire comprenant charges sociales et impôt sur le revenu, déterminé selon la nature de son activité :

- 13 % du chiffre d'affaires pour les activités de vente de marchandises ;
- 23 % du chiffre d'affaires pour les prestations de services à la personne ou les services à caractère artisanal ;
- 23,5 % du chiffre d'affaires pour les services à caractère libéral (relevant du RSI) ;
- 20,5 % du chiffre d'affaires pour les activités libérales (relevant de la CIPAV).

• La déclaration et le paiement en ligne

Rappelons que la déclaration d'activité se fait chaque trimestre (ou chaque mois). Les cotisations forfaitaires sociales et fiscales sont à payer au moment de l'envoi de la déclaration trimestrielle ou mensuelle du chiffre d'affaires (fin avril pour le premier trimestre de l'année, fin juillet pour le second trimestre, fin octobre pour le troisième trimestre et fin janvier pour le quatrième trimestre).

 **Conseil**

Déclaration en ligne

Faites votre déclaration d'activité et réglez vos cotisations sociales et fiscales en ligne.

Vous pouvez effectuer ces démarches sur le site : www.lautoentrepreneur.fr.

Pour faciliter les formalités administratives de l'auto-entrepreneur, il est conseillé de procéder en ligne à la déclaration trimestrielle (ou mensuelle) de chiffre d'affaires et de régler en même temps les cotisations sociales et le prélèvement forfaitaire d'impôt sur le revenu.

 **Exemple**

Calcul et paiement des cotisations sociales et fiscales obligatoires d'un auto-entrepreneur

Adrien, auto-entrepreneur, a commencé son activité en juillet 2009 et a vendu pour 10 000 € d'objets de décoration au 3ᵉ trimestre 2009. Il a opté pour le versement libératoire de l'impôt sur le revenu car son revenu fiscal de référence est inférieur au seuil autorisé. Lors de sa déclaration d'activité pour le 3ᵉ trimestre qu'il établit pour fin octobre 2009, il doit indiquer :

– le montant de son chiffre d'affaires, soit 10 000 € ;

– le calcul de sa cotisation sociale forfaitaire : 10 000 € x 12 % = 1 200 €

– le montant du versement libératoire de l'impôt sur le revenu soit : 10 000 € x 1 % = 100 €.

Au total, ses cotisations sociales et fiscales s'élèveront à :

10 000 € x 13 % = 1 300 €.

Pour les trimestres suivants, il procédera de la même manière.

> Par la suite, en 2010, lorsqu'il remplira sa déclaration de revenus de 2009 pour l'impôt sur le revenu, il n'aura pas à payer d'impôt sur son activité professionnelle d'auto-entrepreneur puisque les versements déjà effectués pour son activité 2009 sont libératoires.

Une exonération temporaire de la taxe professionnelle

Les auto-entrepreneurs ayant opté pour le versement libératoire de l'impôt sur le revenu sont exonérés de la taxe professionnelle pour une période de deux ans à compter de l'année qui suit celle de la création de leur entreprise.

 **À noter**

Exonération de la taxe professionnelle
L'auto-entrepreneur peut bénéficier d'une exonération de la taxe professionnelle la 1re année d'activité et les deux suivantes s'il opte pour le prélèvement libératoire de l'impôt sur le revenu.
Quelle est l'assiette de la taxe professionnelle ?
La taxe professionnelle est calculée sur le matériel, les immobilisations et les véhicules professionnels.

3. LE NIVEAU MAXIMAL DU REVENU FISCAL DE RÉFÉRENCE

Le seuil fixé par l'administration

Dans le régime micro-fiscal, l'auto-entrepreneur peut s'acquitter forfaitairement de son impôt sur le revenu à une condition : pour une déclaration de chiffre d'affaires en 2009, son revenu fiscal de référence de 2007 ne doit pas dépasser une somme fixée à 25 195 € par part de revenu familial. Ce montant correspond à la limite supérieure de la 3e tranche de l'impôt sur le revenu.

7

Le revenu fiscal de référence est calculé chaque année pour chaque foyer fiscal par le Trésor public. Ce revenu tient compte des différents revenus (traitements et salaires, pensions et retraites, etc.) et des déductions possibles (prestation compensatoire, pension alimentaire, déductions diverses).

Comment calculer son revenu fiscal de référence ?

Le revenu fiscal de référence du foyer fiscal figure sur l'avis annuel d'imposition sur le revenu. Une ligne spécifique lui est consacrée.

Pour calculer votre propre revenu fiscal de référence, il convient de diviser le chiffre porté sur votre avis d'imposition par le nombre de parts déclarées par le foyer fiscal.

Ainsi :

- un célibataire : une part ;
- un couple avec un enfant : 2 parts et demie ;
- un couple sans enfant : 2 parts ;
- un couple avec deux enfants : 3 parts.

 **Exemples**

Comment calculer son propre revenu fiscal de référence ?

Exemple 1

Pierre, futur auto-entrepreneur vivant en couple avec deux enfants, a un revenu fiscal de référence qui s'élève à 84 000 € en 2007. Pour lui-même, il présente un revenu fiscal de référence égal à : 84 000 € : 3 = 28 000 €.

Ce montant dépasse le montant fixé par le législateur qui est de 25 195 €. Pierre ne peut donc pas opter pour le versement libératoire de l'impôt sur le revenu.

Il se verra appliquer le régime fiscal de la micro-entreprise « classique » : c'est-à-dire qu'il devra porter le montant de son chiffre d'affaires annuel sur sa déclaration de revenu à la rubrique BIC (bénéfices industriels et commerciaux) ou BNC (bénéfices non commerciaux) selon la nature de son activité. Le fisc procédera à un abattement correspondant à son activité d'auto-entrepreneur.

Exemple 2

Sophie est devenue auto-entrepreneur début 2009. Elle est mariée et le couple a trois enfants à charge. Cela signifie que pour sa déclaration de l'impôt sur le revenu, elle bénéficie de 3,5 parts : une pour elle, une pour son mari et une demi-part par enfant.

Le couple a un revenu fiscal de référence de 42 000 € en 2007. Pour chaque part de quotient familial, le revenu fiscal de référence s'élève à : 42 000 € : 3,5 = 12 000 €.

Sophie peut en conséquence bénéficier du versement libératoire de l'impôt sur le revenu (en effet, son revenu fiscal de référence est inférieur au seuil de 25 195 € par part pour l'année 2009 fixé par le législateur).

Rappel : Le seuil du revenu fiscal de référence devrait être augmenté chaque année.

4. LES CAS OÙ LE VERSEMENT LIBÉRATOIRE NE S'APPLIQUE PAS

 En bref

Le régime fiscal du revenu d'activité de l'auto-entrepreneur

- Le versement libératoire de l'impôt sur le revenu est possible en 2009, si le revenu fiscal de référence est inférieur à 25 195 € (pour l'année 2007) : c'est le régime micro-fiscal.

- Cette option n'est pas ouverte si le revenu de référence est supérieur à 25 195 € (pour année 2007). Dans ce cas, le régime fiscal de la micro-entreprise s'applique : l'auto-entrepreneur doit notifier ses revenus professionnels dans sa déclaration annuelle de revenus en 2010 (pour les revenus de 2009) dans la rubrique BIC ou BNC selon son activité. L'administration fiscale pratique un abattement. Le résultat après abattement s'ajoute aux autres composantes du revenu global de l'auto-entrepreneur (salaire, retraite, etc.).

L'auto-entrepreneur ne pourra pas avoir recours au dispositif du versement libératoire de l'impôt sur le revenu dans deux cas bien différents :

- Son revenu fiscal de référence dépasse le seuil autorisé.
- Il n'est pas imposable. Si vous vous trouvez dans cette dernière situation, vous n'avez pas à payer d'impôt sur le revenu provenant de votre activité professionnelle : en conséquence, il ne faut pas choisir l'option !

En cas de dépassement du seuil de revenu fiscal de référence autorisé

Lorsqu'un auto-entrepreneur dépasse le seuil du revenu fiscal de référence, il ne peut pas opter pour le versement libératoire de l'impôt sur le revenu : c'est alors le régime fiscal de la micro-entreprise qui s'applique.

 Question/Réponse

Q : Je vais bénéficier d'un complément de revenu en 2009 en étant auto-entrepreneur. Comment va être calculé mon impôt sur le revenu ?

R : En fonction de vos revenus antérieurs déclarés au fisc et notés sur votre avis annuel d'imposition, deux situations peuvent se présenter à vous :

- Votre revenu fiscal de référence de 2007 est inférieur à la barre de 25 195 € : vous pouvez opter en 2009 pour un versement libératoire de l'impôt sur le revenu correspondant à votre activité d'auto-entrepreneur qui sera de 1 %, 1,7 % ou 2,2 % selon l'activité exercée.
- Votre revenu fiscal de référence de 2007 est supérieur à la barre de 25 195 € : vous ne pouvez bénéficier de l'option en 2009 et le régime fiscal de la micro-entreprise s'appliquera. Vous indiquerez en 2010 le chiffre d'affaires de votre activité d'auto-entrepreneur en 2009 sur votre déclaration de revenu pour l'impôt sur le revenu de 2009. Le fisc procédera alors à un abattement forfaitaire variable en fonction de votre activité.

Rappel : le régime fiscal de la micro-entreprise (micro-BIC ou micro-BNC)

• Les caractéristiques du régime fiscal de la micro-entreprise

Le régime fiscal de la micro-entreprise a les caractéristiques suivantes :

- **Pas de TVA :** les micro-entreprises sont exonérées de TVA Celle-ci est non facturée et non récupérable sur les achats (les auto-entreprises sont également exonérées de TVA).

- **Impôt sur le revenu :** l'entrepreneur individuel qui a opté pour le régime de la micro-entreprise (car il répond aux critères de plafond de chiffre d'affaires et gère son affaire hors TVA) porte sur sa déclaration annuelle d'impôt sur le revenu le montant de son chiffre d'affaires global. Les services fiscaux calculeront forfaitairement son revenu professionnel. Le micro-BIC (bénéfices industriels et commerciaux) est applicable aux activités commerciales et artisanales, alors que le micro-BNC (bénéfices non commerciaux) est applicable aux professions libérales (cf. ci-après).

- **Détermination du résultat de la micro-entreprise par le Trésor public (micro-BIC et micro-BNC)**

Le bénéfice net de la micro-entreprise est déterminé par les services fiscaux qui appliquent une déduction forfaitaire. Cette déduction est censée correspondre à toutes les charges professionnelles (frais de déplacements, fournitures, communication, publicité, achats de marchandises, frais financiers, amortissement des investissements comme l'achat d'un véhicule). Cette déduction, appelée « abattement », est variable selon l'activité :
- 71 % sur le chiffre d'affaires pour les activités de négoce (BIC, bénéfices industriels et commerciaux), soit un résultat professionnel de 29 % du chiffre d'affaires après abattement ;
- 50 % sur le chiffre d'affaires pour les activités de prestations de service (BIC), soit un résultat professionnel de 50 % du chiffre d'affaires après abattement ;
- 34 % sur le chiffre d'affaires pour les activités libérales (BNC, bénéfices non commerciaux), soit un résultat professionnel de 66 % du chiffre d'affaires après abattement.

Ce système de détermination du résultat professionnel par le Trésor public est appelé :
- **régime micro-BIC** pour les bénéfices industriels et commerciaux (BIC) des micro-entreprises industrielles, artisanales et commerciales ;
- **régime micro-BNC** pour les professions libérales qui réalisent un chiffre d'affaires inférieur à 32 000 € et font des bénéfices dits non commerciaux (BNC).

Exemple

Une application du régime micro-BNC

Martin est un auto-entrepreneur exerçant une activité libérale, consultant en organisation (BNC, bénéfices non commerciaux). Il ne peut opter pour le régime du versement libératoire de l'impôt sur le revenu car son revenu fiscal de référence dépasse le seuil autorisé. En conséquence, le régime de la micro-entreprise s'applique.

Son chiffre d'affaires annuel pour 2009 est estimé à 28 000 €.

Le revenu professionnel de Martin après abattement est déterminé ainsi par l'administration fiscale : chiffre d'affaires (28 000 €) – déduction forfaitaire (de 34 %), soit : 28 000 – (28 000 x 34 %) = 18 480 €.

Le chiffre d'affaires après abattement constitue le bénéfice non commercial (micro-BNC) et sert de base au calcul de l'impôt sur le revenu. Ce montant de 18 480 € va s'ajouter aux autres revenus du foyer fiscal de Martin, pour l'année 2009 et déclarés en 2010, pour déterminer l'assiette de son impôt sur le revenu.

Comparaison de la fiscalité d'un auto-entrepreneur et d'une micro-entreprise		
	Auto-entrepreneur[1]	**Micro-entreprise «classique»**
TVA[2]	Pas de TVA	
Impôt sur le revenu de l'activité	Régime micro-fiscal • Option possible pour le versement libératoire de l'impôt sur le revenu : – 1 % du CA[3] : vente de marchandises, fabrication d'objets destinés à la vente, chambres d'hôtes, etc ; – 1,7 % du CA : services à la personne (petit jardinage, etc.), peintre en bâtiment, plombier, etc ; – 2,2 % du CA : activités libérales (consultant, expert, nutritionniste, dessinateur, etc.). • Versement trimestriel ou mensuel.	Régimes micro-BIC et micro-BNC • Déclaration des revenus d'activité à effectuer sur la déclaration annuelle des revenus (impôt sur le revenu). • Un abattement est pratiqué par le fisc variable selon l'activité : – 71 % du CA commerce ; – 50 % du CA services et artisanat ; – 34 % du CA activités libérales. • Versement annuel.

1. Attention : si le revenu fiscal de référence de l'auto-entrepreneur dépasse le seuil autorisé, le système de la micro-entreprise s'applique.
2. TVA : taxe à la valeur ajoutée.
3. CA : chiffre d'affaires.

Un dispositif de tolérance

Pour l'auto-entrepreneur dont le revenu fiscal de référence est inférieur au seuil pour l'année 2009, mais le dépasse l'année suivante, un dispositif de tolérance est mis en place.

Prenons l'hypothèse où un auto-entrepreneur a un revenu fiscal de référence (de 2007) inférieur à 25 195 € et a pu en conséquence opter pour le versement libératoire au cours de l'année 2009.

- Si l'année suivante (en 2010), son revenu fiscal de référence est supérieur au nouveau plafond fixé pour 2008, il bénéficie d'une année de tolérance et peut conserver le régime micro-fiscal (versement libératoire de l'impôt sur le revenu).
- Si l'année suivante (en 2011), il dépasse encore le plafond fixé pour le revenu fiscal de référence de 2009, il bénéficie d'une nouvelle année de tolérance et peut conserver le régime micro-fiscal (versement libératoire de l'impôt sur le revenu).
- Par contre, lors de la troisième année, l'option pour le versement forfaitaire libératoire n'existe plus. C'est le système de la micro-entreprise qui prend le relais : l'auto-entrepreneur déclare son chiffre d'affaires lors de sa déclaration annuelle de revenus. Un abattement s'applique (pourcentage variable selon l'activité de vente ou de prestations de services) : le montant des ventes après abattement constitue le revenu professionnel imposable, qui s'ajoute aux autres revenus de l'auto-entrepreneur (salaires, retraites, etc.).

 **En bref**

Le régime micro-fiscal
Il existe deux conditions pour bénéficier du régime micro-fiscal :
– être auto-entrepreneur ;
– opter pour le paiement de son impôt sur le revenu par le biais de versements forfaitaires libératoires périodiques.

Le revenu fiscal de référence individuel doit être inférieur à 25 195 € (pour l'année 2007), si l'option porte sur l'impôt sur le revenu professionnel 2009.

Le règlement de l'impôt sur le revenu s'effectue en même temps que la déclaration trimestrielle (ou mensuelle) de chiffre d'affaires et que le règlement des cotisations sociales.

Le montant de l'impôt est libératoire : le règlement de l'impôt forfaitaire est définitif. Vous n'avez pas à payer d'impôt sur le revenu l'année suivante au titre de votre revenu sur votre activité d'auto-entrepreneur.

Les versements libératoires trimestriels (ou mensuels) s'élèvent à :
- 1 % du chiffre d'affaires pour l'activité de ventes ;
- 1,7 % du chiffre d'affaires pour l'activité de prestations de services (services à la personne, services artisanaux) ;
- 2,2 % du chiffre d'affaires pour les prestations de services émanant des professions libérales.

5. QUIZ : LE RÉGIME MICRO-FISCAL

Questions

1. **Mireille va bénéficier d'un complément de revenu en 2009 en devenant auto-entrepreneur. Elle est mariée et a deux enfants. Le revenu fiscal de référence du foyer était de 69 000 € en 2007. Peut-elle opter pour le système du versement libératoire de l'impôt sur le revenu ?**

❏   Oui
❏   Non

2. **Adrien est auto-entrepreneur. Il est dessinateur (activité libérale relevant de la CIPAV). Quel est le taux forfaitaire de cotisations sociales et fiscales qui lui sera appliqué en pourcentage de son chiffre d'affaires ?**

❏   10,5 %
❏   20,5 %
❏   24,5 %

3. **Georgette est auto-entrepreneur. Elle est exploitante d'auto-école (activité libérale relevant du RSI). Quel est le taux forfaitaire de cotisations sociales et fiscales qui lui sera appliqué en pourcentage de son chiffre d'affaires?**

❑   12,5 %

❑   23,5 %

❑   43,5 %

4. **Anselme est auto-entrepreneur. Il exerce une activité de vente de produits de maroquinerie. Quel est le taux forfaitaire de cotisations sociales et fiscales qui lui sera appliqué en pourcentage de son chiffre d'affaires?**

❑   13 %

❑   23 %

❑   30 %

5. **Sonia est auto-entrepreneur. Elle exerce une activité de garde d'enfants (services à la personne). Quel est le taux forfaitaire de cotisations sociales et fiscales qui lui sera appliqué en pourcentage de son chiffre d'affaires?**

❑   13 %

❑   23 %

❑   30 %

6. **Martin est auto-entrepreneur. Il exerce une activité libérale de réflexologue. Quel est le taux forfaitaire de cotisations sociales et fiscales qui lui sera appliqué en pourcentage de son chiffre d'affaires?**

❑   14,5 %

❑   23,5 %

❑   30 %

7. **Michel est auto-entrepreneur. Il est expert en marketing (activité libérale relevant de la CIPAV). Au cours du deuxième trimestre de l'année 2009, les recettes provenant de son activité se sont éle-**

vées à 2 000 €. Il a opté pour le versement libératoire de l'impôt sur le revenu. Quelles seront les charges correspondant à ses cotisations sociales et à son impôt sur le revenu pour le deuxième trimestre de 2009 ?

❏   410 €

❏   450 €

❏   600 €

8. **Lily est auto-entrepreneur. Elle vend des objets en poterie qu'elle fabrique elle-même. Elle a opté pour le versement libératoire de l'impôt sur le revenu. Dans sa déclaration de chiffre d'affaires pour le troisième trimestre 2009, elle mentionne 4 000 €. Quelles sont les charges sociales et fiscales correspondant à son chiffre d'affaires du troisième trimestre 2009 ?**

❏   400 €

❏   520 €

❏   600 €

Réponses

1. **Oui.** Mireille a un revenu fiscal de référence personnel de 69 000 € : 3 = 23 000 €. Ce montant est inférieur au seuil autorisé de 25 195 €. En conséquence, Mireille peut opter pour le régime du versement libératoire de l'impôt sur le revenu.

Pour les réponses 2 à 6, se reporter au tableau p. 160.

2. **20,5 %.**

3. **23,5 %.**

4. **13 %.**

5. **23 %.**

6. **23,5 %.**

7. **410 €.** Les charges sociales et fiscales de Michel pour le deuxième trimestre de 2009 sont de : 2 000 € x 20,5 % = 410 €.

8. **520 €.** Les charges sociales et fiscales de Lily pour le troisième trimestre de 2009 sont de : 4 000 € x 13 % = 520 €. (voir p. 121)

L'ÉVOLUTION DE VOTRE ACTIVITÉ D'AUTO-ENTREPRENEUR

8

Après quelques mois ou trimestres d'activité, vous pouvez vous trouver dans diverses situations :

- Votre activité remporte un vif succès et votre chiffre d'affaires dépasse les plafonds autorisés.
- Vous souhaitez arrêter votre auto-entreprise car le test n'a pas été concluant (le marché est en déclin et votre chiffre d'affaires limité).
- Votre activité est saisonnière et vous choisissez de rester auto-entrepreneur dans l'attente d'une reprise des affaires.
- Vous êtes salarié et auto-entrepreneur depuis un an. Que faire ?

 Avis du pro

« Parmi les auto–entrepreneurs, après quelques mois ou trimestres d'activité, l'évolution sera contrastée :
- certains auront été jusqu'au bout de leur rêve, auront atteint leur objectif et choisiront d'arrêter ;
- d'autres resteront en activité avec le maintien, volontaire ou non, d'un chiffre d'affaires en stagnation ;
- d'autres connaîtront un développement certain de leur activité, dépasseront assez rapidement les limites de ventes autorisées et deviendront de véritables entrepreneurs. »

Sandrine Wehrli,
Directrice Création-Transmission–CFE à l'Assemblée des Chambres françaises de commerce et d'industrie (ACFCI).

1. LE DÉVELOPPEMENT FAVORABLE DE L'ACTIVITÉ

L'activité progresse rapidement

Si la taille de l'auto-entreprise grossit et dépasse les plafonds (80 000 € pour le commerce et 32 000 € pour les services), plusieurs solutions vont se présenter.

• Dans le cas où le dépassement des seuils autorisés reste faible

Si les dépassements sont relativement faibles (jusqu'à un plafond de 88 000 € pour les activités de vente et les prestations d'hébergement, et de 34 000 € pour les activités de services à la personne, métiers du bâtiment, activités libérales), un dispositif de tolérance existe pour favoriser un changement de régime en douceur. En effet, l'auto-entrepreneur va continuer à bénéficier des avantages du régime de l'auto-entrepreneur (régime micro-social simplifié et système de versement fiscal libératoire) pendant deux ans : **l'année de dépassement de ces seuils et l'année suivante.**

• Une transition vers l'entreprise individuelle

Si les dépassements du chiffre d'affaires sont plus importants et excèdent les seuils de 88 000 € ou 34 000 €, alors l'entreprise ne peut plus bénéficier du régime de la micro-entreprise. Elle devient une entreprise individuelle classique. Elle doit désormais :

- être immatriculée au registre du commerce et des sociétés (activité commerciale), au répertoire des métiers (activité artisanale) ou à l'URSSAF (activité libérale) ;
- tenir une comptabilité ; elle sera soumise à la TVA (les factures devront indiquer la TVA) et devra établir des déclarations de chiffre d'affaires mentionnant la TVA collectée, la TVA à récupérer (sur les achats) et la TVA à payer (différence entre la TVA collectée et la TVA récupérée).

• La transformation de l'entreprise individuelle en société

Si l'auto-entrepreneur s'aperçoit que son affaire se développe, le statut de société peut apparaître mieux adapté. Il va par exemple créer une SARL.

8

Rappelons que des dispositions fiscales dites « de faveur » existent pour les entreprises individuelles qui se transforment en SARL : une taxation allégée est prévue pour la plus-value existante (l'entreprise partie de zéro et ayant développé son activité représente une valeur qui peut être évaluée et cela constitue un apport pour la nouvelle société créée). La plus-value est exonérée de taxation tant que celui qui détient la majorité des parts est l'ancien entrepreneur individuel.

 Avis du pro

« L'auto-entrepreneur cherche d'abord à créer une activité nouvelle. Si celle-ci se développe, alors il envisagera la création d'une entreprise plus importante.»

Sandrine Wehrli,
Directrice Création-Transmission-CFE à l'Assemblée des Chambres françaises
de commerce et d'industrie (ACFCI).

Un tremplin pour s'initier à la création et à la gestion d'une entreprise

L'auto-entreprise apparaît alors comme un tremplin pour tester un projet de création d'entreprise. Tout est simplifié (déclaration, comptabilité, cotisations sociales) tant que l'entreprise est petite. Mais, le système « classique » reprend ses droits dès que la taille de l'entreprise devient plus importante.

 **À noter**

- En cas de succès, l'auto-entreprise va se transformer en entreprise individuelle classique ou en société.
- L'auto-entreprise constitue un véritable tremplin pour tester un projet sur une durée limitée.

L'auto-entreprise qui réussit est appelée à disparaître au profit d'une autre forme de régime statutaire. Mais, l'entrepreneur aura alors connu la responsabilité d'un créateur, aura appris à bien gérer et sera mieux armé pour poursuivre le développement de son entreprise. L'auto-entreprise correspondrait alors à une «école» d'apprentissage à la gestion. Selon l'Union des auto-entrepreneurs (UAE), présidée par François Hurel, plus de la moitié des auto-entrepreneurs ont «pour projet de créer une entreprise à part entière».

 ## Avis du pro

«Devenir auto-entrepreneur permet de s'initier à la création d'entreprise.»

Sandrine Wehrli,
Directrice Création-Transmission-CFE à l'Assemblée des
Chambres françaises de commerce et d'industrie (ACFCI).

2. LA NÉCESSITÉ DE METTRE FIN À L'ACTIVITÉ

Malgré vos efforts pour développer votre activité, vous n'arrivez pas à trouver les clients ni les débouchés initialement programmés. Votre création d'auto-entreprise se solde par un échec.

Dans cette situation, il n'y a rien de plus facile que d'arrêter votre activité. Il vous suffit de faire une déclaration de cessation d'activité en ligne sur **www.lautoentrepreneur.fr** ou auprès d'un Centre de formalités des entreprises (CFE) et vous ne serez plus auto-entrepreneur.

 ## En bref

Cessation facile de l'activité
• Déclaration en ligne.
• Pas de frais.
• Pas de régularisation de cotisations sociales.

3. LA POSSIBILITÉ DE METTRE MOMENTANÉMENT L'ACTIVITÉ «EN VEILLEUSE»

Si vous souhaitez mettre temporairement votre activité en sommeil (dans le cas d'une activité saisonnière par exemple), vous n'avez rien à faire. Vous conservez le régime d'auto-entrepreneur. Vous ne payez aucune cotisation sociale selon le principe «pas de chiffre d'affaires, pas de cotisation». Vous reprendrez plus tard votre activité.

Attention, il ne faut cependant pas excéder la durée d'une année sans activité, car vous perdriez le bénéfice du régime de l'auto-entrepreneur, vous seriez basculé automatiquement sur le régime de la micro-entreprise.

4. VOUS ÊTES SALARIÉ ET AUTO-ENTREPRENEUR DEPUIS UN AN: QUE FAIRE ?

Votre contrat de travail contient une clause d'exclusivité

Comme il a été rappelé au chapitre 3, un salarié peut devenir auto-entrepreneur même si une clause d'exclusivité est incluse dans son contrat de travail[1]. Tout salarié dont le contrat de travail contient une telle clause peut créer une entreprise et la faire fonctionner pendant un an.

Au-delà de ce délai d'un an, plusieurs cas peuvent se présenter:

- L'activité d'auto-entrepreneur n'est pas satisfaisante (activité trop réduite, absence de débouchés): le salarié peut choisir d'y mettre un terme.
- L'activité de l'auto-entreprise est satisfaisante et le salarié devra alors choisir: démissionner de la société qui l'emploie pour continuer son activité d'auto-entrepreneur ou bien continuer à être salarié mais pour cela cesser son activité d'auto-entrepreneur.

Cette cessation d'activité se fait par simple déclaration au Centre de formalités des entreprises (il est possible de faire cette déclaration en ligne).

---

1. Voir au chapitre 3, point 1 p. 58.

Votre contrat de travail ne contient pas de clause d'exclusivité

Pour le salarié dont le contrat ne contient pas de clause d'exclusivité, le cumul des deux activités de salarié et d'auto-entrepreneur peut se prolonger indéfiniment sans devoir abandonner l'une ou l'autre de ces activités à l'issue de la première année.

EN 12 ÉTAPES

1 Vous souhaitez créer une activité pour vous assurer un revenu complémentaire, tester un projet en grandeur nature, créer votre propre emploi, régulariser une activité d'e-commerce. Le régime de l'auto-entrepreneur peut vous convenir.

2 Vous vous demandez quel type d'activité il serait intéressant de lancer : interrogez-vous sur vos passions et sur vos domaines de compétences.

3 En quoi consiste exactement le régime de l'auto-entrepreneur ? Il s'agit d'un nouveau régime mis en place à compter du 1er janvier 2009. C'est une catégorie de micro-entreprise bénéficiant de formalités de création et de cessation allégées, d'un système de versement de cotisations sociales et fiscales forfaitaires en fonction du chiffre d'affaires.

4 Avant de vous lancer, vous voulez vous assurer que vous respectez la légalité : votre situation ou votre statut actuel vous permettent-ils d'envisager de devenir auto-entrepreneur ? Existe-t-il des conditions d'éligibilité à ce statut ?

5 Dans le cas où vous seriez déjà salarié, vérifiez si votre contrat de travail contient ou non une clause d'exclusivité. S'il en contient une, vous pouvez vous lancer dans l'auto-entreprise mais seulement pour une durée d'un an. Si votre contrat de travail ne contient pas de clause d'exclusivité, vous pouvez cumuler les deux activités sans restriction et sans limitation de durée. Dans tous les cas, cependant, vous êtes soumis à une obligation de loyauté à l'égard de votre employeur.

6 Le cumul activité retraite est encouragé par les pouvoirs publics. Vérifiez toutefois que vous allez bien conserver le montant intégral de votre retraite si vous exercez une nouvelle activité.

7 Si vous êtes dans la fonction publique, vous serez obligé d'avertir votre hiérarchie ou de demander l'autorisation d'exercer une nouvelle activité d'auto-entrepreneur.

8 Pour exercer une activité artisanale à temps plein en tant qu'auto-entrepreneur, il vous faudra désormais attester de vos compétences et vous déclarer en ligne ou auprès du Centre de formalités des entreprises des Chambres des métiers et de l'artisanat. Une immatriculation gratuite au répertoire des métiers va devenir obligatoire.

9 Pour les professionnels libéraux qui souhaiteraient devenir auto-entrepreneurs, seuls sont admis au régime de l'auto-entrepreneur ceux dont l'activité relève de l'une des deux caisses de retraites suivantes : le RSI et la CIPAV.

10 Comment se préparer à devenir auto-entrepreneur ? Il est conseillé de se mettre en relation avec des réseaux d'accompagnement (CCI, Chambres des métiers et de l'artisanat, Boutiques de gestion, etc.) et de s'informer sur les sites Internet officiels (tels **www.lautoentrepreneur.fr** ou **www.apce.com**).

11 Une fois votre projet bien préparé et votre business plan construit de manière réaliste avec l'aide des réseaux précités, vous pouvez vous déclarer en ligne pour devenir auto-entrepreneur.

12 Quelques jours plus tard vous recevrez votre numéro SIREN-SIRET et votre code APE : vous voilà prêt pour une nouvelle aventure !

INFOS + +

1. SITES UTILES

Les sites officiels

Ministère de l'Économie, de l'Industrie et de l'Emploi – Secrétariat d'État chargé du Commerce, de l'Artisanat, des Petites et Moyennes Entreprises, du Tourisme et des Services et de la Consommation :

direction générale de la compétitivité, de l'industrie et des services :

www.pme.gouv.fr

Portail officiel du régime de l'auto-entrepreneur : www.lautoentrepreneur.fr

Un nouveau numéro azur dédié aux questions relatives au régime de l'auto-entrepreneur a été mis en place à compter du 1er août 2009 : **08 21 08 60 28** accessible du lundi au vendredi de 8 h 30 à 18 h 30.

Agence pour la création d'entreprises (APCE)

L'APCE dispose d'un site très complet sur le nouveau régime de l'auto-entrepreneur : www.apce.com.

Un service spécifique, géré par les experts de l'APCE, répond dans un délai de 48 heures à toute question relative au régime de l'auto-entrepreneur. **Pour bénéficier de ce service de réponse aux questions en ligne :** www.lautoentrepreneur@apce.com.

Un mini-site de référence contient les ressources de l'APCE sur le régime de l'auto-entrepreneur : l'actualité, les informations à connaître, un forum des auto-entrepreneurs, etc. : www.autoentrepreneur.biz.

Agence nationale des services à la personne

www.servicesalapersonne.gouv.fr

Le site donne de multiples informations : liste des différents services à la personne, avantages fiscaux pour les utilisateurs, annuaire des organismes certifiés, procédure d'agrément.

Contact téléphonique : services à la personne , bonjour ! 32 11.

Les Boutiques de gestion

www.boutiques-de-gestion.com

www.créer.fr

Ces sites fournissent de multiples informations pour les auto-entrepreneurs. Ils donnent les adresses des Boutiques de gestion de votre région. Ils proposent des formations pour les auto-entrepreneurs et la possibilité d'accéder au réseau professionnel de créateurs d'entreprises accompagnés par les Boutiques de gestion (réseau Oxygène).

Les Chambres de commerce et d'industrie (CCI)

www.auto-entrepreneur.cci.fr

Ce site fourmille de renseignements relatifs au régime de l'auto-entrepreneur : formalités relatives à l'activité, régimes social et fiscal, textes législatifs et réglementaires.

www.cfenet.cci.fr

Sur ce site, il est possible de faire sa déclaration de début d'activité en ligne.

www.entreprendre-en-france.fr

Contact téléphonique : 0820 012 112 (du lundi au vendredi de 8 h 30 à 18 h 30). Vous y obtiendrez des informations personnalisées fournies par des chargés de la relation client de la Chambre de commerce et d'industrie de Paris.

Blog : http://blog.auto-entrepreneur.cci.fr

Ce site vous permet de trouver l'adresse de la Chambre de commerce la plus proche de chez vous. Par ailleurs, il indique les dernières actualités relatives au régime de l'auto-entrepreneur.

Les Chambres des métiers et de l'artisanat

www.artisanat.fr

Le site indique les adresses des implantations des Chambres des métiers et de l'artisanat sur tout le territoire. Il donne des informations sur l'actualité de l'artisanat en France.

• Pour vous déclarer en ligne en tant qu'auto-entrepreneur

www.lautoentrepreneur.fr

www.cfenet.cci.fr

www.cfe-metiers.com

www.cfe.urssaf.fr

• Pour vous informer sur les prestations et cotisations sociales

Le RSI

www.le-rsi.fr

La CIPAV

www.cipav-retraite.fr

Ce site donne des informations générales sur la CIPAV, Caisse interprofessionnelle de prévoyance et d'assurance vieillesse. Sur ce site est publiée la liste des professions libérales affiliées à la CIPAV.

• Pour déclarer et payer en ligne vos cotisations sociales et vos impôts

www.lautoentrepreneur.fr

www.net-entreprises.fr

Pour vous informer sur les indemnisations chômage et les aides dédiées aux demandeurs d'emploi

Pôle emploi

Contact téléphonique : 39 49

Site : www.pole-emploi.fr

Ce site donne des renseignements aux demandeurs d'emploi sur leurs droits et sur les démarches à effectuer ; il fournit également des offres d'emploi. Les demandeurs d'emploi peuvent y déposer leur CV. Les employeurs à la recherche de candidats déposent des offres d'emploi.

Ministère du Travail, des Relations sociales, de la Famille, de la Solidarité et de la Ville

Travail Info Service : 0 821 347 347

Ce service de renseignements téléphoniques portant sur la réglementation du travail, les mesures en faveur de l'emploi et de la formation professionnelle est ouvert de 8 h 30 à 18 h 30 en continu, du lundi au vendredi, hors jours fériés

Site : www.travail-solidarite.gouv.fr

Ministère de l'Économie, de l'Industrie et de l'Emploi

Le formulaire spécifique de demande d'aide à la création et à la reprise d'une entreprise (ACCRE) est téléchargeable sur le site :

www.pme.gouv.fr

2. LECTURES CONSEILLÉES

Documents publiés par le ministère de l'Économie, de l'Industrie et de l'Emploi – Secrétariat d'État chargé du Commerce, de l'Artisanat, des Petites et Moyennes Entreprises, du Tourisme et des Services et de la Consommation :

- *Le Guide de l'auto-entrepreneur*, mis à jour en avril 2009, téléchargeable sur le portail officiel : **www.pme.gouv.fr** ou sur le site : **www.apce. com**
- *L'Auto-entrepreneur – Bilan d'étape après 6 mois de mise en œuvre, juillet 2009*, document téléchargeable sur les portails officiels suivants :

www.minefi.gouv.fr et www.apce.fr

Plaquette de l'URSSAF de Paris région parisienne :

- *Réussir son adhésion et sa 1re déclaration – Tout ce que vous devez savoir sur les formalités et les cotisations de l'auto-entrepreneur, juin 2009*, document téléchargeable sur le portail **www.parisrp.urssaf.fr**

*L*exique et *S*igles

Auto-entrepreneur – Personne (salarié, retraité, demandeur d'emploi, professionnel libéral, etc.) bénéficiaire du nouveau régime de micro-entreprise entré en vigueur au 1er janvier 2009. Les formalités de création et de fonctionnement sont allégées (une simple déclaration suffit sans que soit nécessaire une inscription au registre du commerce et des sociétés ou au répertoire des métiers). Les cotisations sociales et l'impôt sur le revenu se calculent sur le chiffre d'affaires hors taxes réalisé – en l'absence de vente, pas de cotisation à verser ni d'impôt à payer. L'autre intérêt du régime de l'auto-entrepreneur réside dans la possibilité de cumuler deux statuts : salarié et auto-entrepreneur, étudiant et auto-entrepreneur, retraité et auto-entrepreneur.

CIPAV (Caisse interprofessionnelle de prévoyance et d'assurance vieillesse) – Caisse de retraite à laquelle sont affiliées plus de 150 catégories de professions libérales. Elle est une des deux caisses de retraite où peuvent adhérer les auto-entrepreneurs.

Couverture sociale de l'auto-entrepreneur – Les cotisations forfaitaires lui donnent droit à une couverture sociale complète relative à l'assurance maladie-maternité et aux droits à la retraite (trimestres d'assurance validés et points de retraite).

Micro-entreprise – Entreprise individuelle de taille réduite soumise à un plafond de chiffre d'affaires, indiqué chaque année par le législateur (pour 2009, les plafonds sont de 80 000 € pour les activités de négoce et de 32 000 € pour les prestations de services). Les cotisations sociales de la micro-entreprise se calculent sur les revenus professionnels (ventes – charges) et les impôts sur le revenu sont réglés chaque année après un abattement forfaitaire correspondant aux différentes charges.

Plafond de chiffre d'affaires – Montant maximal autorisé pour bénéficier du régime de l'auto-entrepreneur, du régime de la micro-entreprise, du régime micro-social simplifié et du régime micro-fiscal. Il existe deux plafonds dont les montants sont révisés à la hausse chaque année par l'administration : un plafond pour les activités de vente, de fabrication d'objets destinés à la vente, de prestations d'hébergement, etc. (80 000 € en 2009), et un plafond pour les activités de services à la personne, métiers du bâtiment, activités libérales (32 000 € en 2009).

Régime micro-BIC – Régime fiscal de la micro-entreprise qui s'applique aux activités relevant des bénéfices industriels et commerciaux (commerce et artisanat). L'administration applique au revenu professionnel de la micro-entreprise un abattement variable selon l'activité de la micro-entreprise (71 % pour le commerce et 50 % pour l'artisanat) afin de déterminer un bénéfice qui sera intégré dans les revenus pour le calcul de l'impôt sur le revenu du foyer fiscal.

Régime micro-BNC – Régime fiscal de la micro-entreprise qui s'applique aux activités relevant des bénéfices non commerciaux (professions libérales). Comme dans le cas du régime micro-BIC, l'administration applique au revenu professionnel un abattement de 34 % afin de déterminer un bénéfice.

Régime micro-fiscal – Possibilité offerte à l'auto-entrepreneur d'opter pour le paiement simplifié de l'impôt sur le revenu. L'option pour le versement libératoire de l'impôt sur le revenu lui permet de payer périodiquement son impôt à la source (en même temps que ses cotisations sociales forfaitaires). Le taux de l'impôt est fonction du chiffre d'affaires déclaré et varie selon l'activité : 1 % pour le négoce, 1,7 % pour les prestations de services et 2,2 % pour les activités libérales. Pour bénéficier du régime micro-fiscal, deux conditions sont requises : respecter les plafonds de chiffre d'affaires autorisés et avoir un revenu fiscal de référence inférieur à un certain seuil (pour 2009, ce seuil est de 25 195 €).

Régime micro-social simplifié – Régime de protection sociale qui s'applique à l'auto-entrepreneur (soumis à des plafonds de chiffre d'affaires). Son principal avantage réside dans la possibilité offerte à l'auto-entrepreneur de s'acquitter de ses charges sociales après la réalisation d'un chiffre d'affaires au moment de sa déclaration mensuelle ou trimestrielle d'activité, et non dès le début de l'activité sur un chiffre d'affaires estimé. Le principe qui s'applique est donc le suivant : pas de ventes, pas de cotisations sociales. Les cotisations sociales sont forfaitaires, se calculent et se règlent chaque trimestre (ou chaque mois) en même temps que la déclaration de chiffre d'affaires. Elles correspondent à un pourcentage du chiffre d'affaires qui varie selon l'activité : 12 % pour le négoce, 21,3 % pour les prestations de services et 18,3 % pour les activités libérales. Ce régime ouvre des droits à l'assurance maladie-maternité, à la retraite de base et à la retraite complémentaire.

Revenu fiscal de référence – Le montant du revenu fiscal de référence dans le dispositif fiscal de l'auto-entrepreneur est indiqué par le fisc sur l'avis annuel d'imposition. Le montant des revenus à prendre en compte est le montant net imposable de l'ensemble des revenus du foyer fiscal (y compris les plus-values) retenus pour l'établissement de l'impôt sur le revenu au titre de l'année précédente. Un seuil de revenu fiscal de référence est fixé chaque année par l'administration (pour 2009, ce seuil est de 25 195 €) correspondant au dernier avis d'imposition reçu par les ménages en automne 2008 et portant sur les revenus de 2007. En fonction du niveau de son propre revenu fiscal de référence, un auto-entrepreneur pourra, ou non, opter pour le règlement libératoire de l'impôt sur le revenu selon le régime micro-fiscal.

RSI (Régime social des indépendants) – Régime qui joue un rôle clé dans l'application du régime de l'auto-entrepreneur. D'une part, c'est auprès du RSI que tous les auto-entrepreneurs doivent payer leurs cotisations sociales. D'autre part, le RSI constitue – entre autres activités – une des deux seules caisses de retraite où peuvent adhérer les auto-entrepreneurs (l'autre caisse de retraite étant la CIPAV).

Versement libératoire de l'impôt sur le revenu – Système permettant à l'auto-entrepreneur de payer, sur option, l'impôt sur le revenu provenant de son activité d'auto-entrepreneur. Le taux d'imposition varie entre 1 % et 2,2 % selon la nature de l'activité.

ACCRE – Aide aux chômeurs créateurs repreneurs d'une entreprise

ACOSS – Agence centrale des organismes de Sécurité sociale

APCE – Agence pour la création d'entreprise

APE (code) – Activité principale de l'entreprise

ARCE – Aide à la reprise ou à la création d'entreprise

ARE – Aide au retour à l'emploi

BIC – bénéfices industriels et commerciaux

BNC – Bénéfices non commerciaux

CAF – Caisse d'allocations familiales

CFE – Centre de formalités d'entreprise

CGPME – Confédération générale des petites et moyennes entreprises

CIPAV – Caisse interprofessionnelle de prévoyance et d'assurance vieillesse

EURL – Entreprise unipersonnelle à responsabilité limitée

FESP – Fédération des services à la personne

INPI – Institut national de la propriété industrielle

INSEE – Institut de la statistique et des études économiques

LME – Loi sur la modernisation de l'économie (4 août 2008)

NAF – Nomenclature d'activités françaises

NIC – Numéro interne de classement

RCS – Registre du commerce et des sociétés

RM – Répertoire des métiers

RSI – Régime social des indépendants

SA – Société anonyme

SAP – Services à la personne

SARL – Société à responsabilité limitée

SIREN – Système informatisé du répertoire national des entreprises

SIRET – Système informatisé du répertoire national des entreprises et des établissements

SJR – Salaire journalier de référence

SPI – Stage de préparation à l'installation

UAE – Union des auto-entrepreneurs

URSSAF – Union de recouvrement des cotisations de Sécurité sociale et d'allocation familiale

INDEX

Achevé d'imprimer en septembre 2009 par EMD S.A.S. (France)
Dépôt légal : septembre 2009 - N° éditeur : 2009/622
N° d'imprimeur : 21998